CW01649181

···儿童注音彩图版···

21世纪

入学儿童百科全书

科学人体大发现

总策划／邢　涛　　主　编／龚　勋

云南出版集团公司
云南教育出版社

推荐序
TUI JIAN XU

从此开始快乐的学习生活！

世界儿童基金会 林素雷

上学和工作，是人一生最重要的两道分水岭。上学前，儿童对了解新东西充满好奇，以为上学之后他们可以自由地选择自己喜欢的东西学习，所以对上学充满期待和兴奋。但真的上学以后，他们却不得不开始学习许多枯燥而有难度的东西，这些东西仿佛一点都不好玩，也不知道学了能有什么用。为了应付老师和考试，他们的学习行为越来越机械，学习兴趣逐渐变淡，甚至滋生厌学情绪。因此，在上学前这个人生的重要阶段，孩子们需要有一套既好玩、有趣又非常有帮助的优质百科书，帮助孩子适应上学前后的反差与过渡，让孩子保持学习的兴趣，提高自信，顺利步入人生的第一个重要阶段。

“21世纪入学儿童百科全书”就是专为此目的而打造的全新百科读物。它那既符合儿童认知心理学，又兼顾百科特性的体例安排、精美的原创插图、活泼可爱的卡通形象，再加上吸引儿童眼球的奥秘知识，让儿童幼小的心灵初尝学习的快乐。当他们逐渐体会到探索知识的乐趣之后，他们就不再畏惧陌生的课堂生活，而是主动、自信地去学习和提高。那样，无论是在上学前，还是上学后，孩子都能始终保持浓厚的求知兴趣，在学习的初始阶段就占据较好的起点，为日后的健康成长打下无比坚实的基础。

审定序

SHEN DING XU

上学前后的最佳伙伴！

中国儿童教育研究所 陈勉

儿童具有旺盛的精力和求知欲，具有自主学习的自然愿望，但尚未摆脱爱玩的天性。这时候，他们需要有一套优秀图书作为学习的伙伴和向导，将严肃、枯燥、被动的填充式教育变为活泼、有趣、积极的快乐学习，使他们在快乐阅读中自然而然地让各种有用的知识进入头脑，最大限度地开发出个人潜能。

针对儿童注意力难以集中、容易分心的认知特点，本套书的编撰者们在体例设计上别具匠心，突破了传统图文搭配的简单形式，将每个阅读主题通过完整而生动的场景图片展现出来，让孩子们仿佛置身于一个个令人惊奇、兴奋的乐园，在边玩边看的过程中，培养起求知、好学的兴趣，将各种“死知识”变成“活思维”，从而真正掌握知识并在现实中应用。

将需要学习的一个个知识点变成一个个引人入胜的兴趣点，将需要孩子掌握的知识技能变成他们探索未知的本领，这样的学习符合孩子的心理和愿望，不需要任何强制。读过这套书的孩子，其知识容量、学习的兴趣和能力都会在不知不觉中得到显著提升，不仅能使他们顺利地度过学校生活，更能使他们对未来的考验和挑战信心十足。

前 言 QIANYAN

上学前后的孩子是最天真烂漫的。他们对一切都充满了好奇，常常提出一些稀奇古怪的问题，比如：彩虹为什么有那么多颜色？声音为什么有高有低？梳头时头发为什么会飘起来？眼睛为什么能看到东西？人为什么会生病？……这些问题看似简单，要准确回答却并不容易。有鉴于此，我们精心编撰了这本《科学人体大发现》，希望能成为孩子成长路上的引导者，激发他们探索奥秘世界的精神和勇气。

本书共设立了 7 个篇章，分别是“科学原理”、“动力与能源”、“常见的材料”、“技术与发明”、“奇妙的人体”、“生长与发育”、“健康与疾病”，深入浅出地讲述了儿童最关心的知识，既有用又有趣。本书还选配了大量直观、形象的图片，其中既有生动直观的实物图，也有说明性很强的手绘原理图。图片和文字相得益彰，使原本深奥的原理变得直观形象。

这是一个充满趣味的知识乐园，这是一个神奇美妙的认知世界，孩子从翻开这本书的那一刻起，就已经行走在科学之路上了。相信孩子在增长见识的同时，还能感受到阅读的快乐。

如何使用本书

亲爱的小朋友，当你打开这本《科学人体大发现》时，你就已经拿到通往知识宝库的钥匙了。在这里，我们还要告诉你使用这本书的一些小诀窍，以便你更好地享受阅读的快乐。下面，让我们一起来认识一下这本书吧。

主标题

本章主要知识点的名称。

书眉

双数页码的书眉标出本书的系列名，单数页码的书眉标出本书的名称。

主标题说明

对本章主要知识点的一个概括性介绍。

图片说明

图片说明可分为图名和图注，它们相辅相成，对图片起了一个概括性的介绍作用，共同为知识点服务。

图片

与知识点相关的图片，能够给小朋友们带来强烈的视觉冲击，同时让小朋友们对内容有更真切的认识。

21 Century 世纪 入学儿童百科全书

sù liào
塑料

塑料是一种奇特的材料，它既不会像木头那样容易腐烂，也不会像金属那样容易生锈。因此我们周围的许多东西都是用塑料制成的，如雨衣、电话、塑料瓶等。

可爱的塑料玩具

用塑料制成的牙刷

塑料制品

塑料制成的饮料瓶

会变软的塑料

大多数塑料像巧克力那样，一加热就会变软，容易做成各种各样的形状。人们根据塑料的这一特点，制作了洗脸盆、救生圈、自来水管、水桶、塑料袋等塑料制品。

小朋友们游泳时用的救生圈也是用塑料制成的。

塑料的种类

塑料可分为热固性塑料和热塑性塑料两大类。热固性塑料一经加热就会变硬，再加热就不会变软了。我们家中有些炒锅的把手就是用热固性塑料制成的。热塑性塑料则相反，它可以反复加热变软，制成我们需要的形状。

塑料制成的儿童玩具

38

奇妙大看台

“奇妙大看台”为小朋友们介绍了很多有趣的知识。

篇章页

介绍本章主要内容的文字，让小朋友们能够快速了解全章的内容要点。

辅标题

每一个具体知识点的名称。

辅标题说明

对具体知识点进行详细介绍，解开小朋友们的种种疑惑。

卡通图

活泼可爱的卡通人物，是你阅读过程中的好伙伴。

奥秘大公开

这里为你揭开许多奥秘，它们神奇、有趣，能为你带来意想不到的惊喜。

原理图

把一些科学奥秘通过一些活泼形象的图片展示出来，图文并茂，方便小朋友对知识的理解。

21世纪入学儿童百科全书
科学人体大发现

CONTENTS 目录

第一章 科学原理

原子和分子

2 原子有多大
质子、中子和电子
原子的键结
3 不断运动的分子

物质的状态

4 稳定的固体
流动的液体
奔跑的气体
5 变化的状态

盐

6 美丽的晶体
盐是怎么提炼的
形形色色的盐
7 盐的用途

酸与碱

8 酸的强弱
碱的强弱
测量酸碱度
9 酸碱中和

空气

10 空气中的气体
空气的用途
空气的湿度
11 大气压力

水

12 无所不在的水
水的性质
绝妙的溶剂
13 水的净化

声音

14 声音是如何产生的
声音的高和低
奇妙的回声
15 有害的噪声

光与色

16 光的反射
光的折射
颜色是怎么来的
17 光的三原色

· 电

18 电荷
奇妙的静电
电路
19 导体与绝缘体

· 磁与电磁

20 磁体和磁场
磁极
21 借电生磁

· 热与能

22 温度与热量
热的传递
动能和势能
23 能量不灭

· 力与运动

24 重力
作用力与反作用力
压力和压强
25 永不停息的运动

· 简单机械

26 斜面
26 杠杆

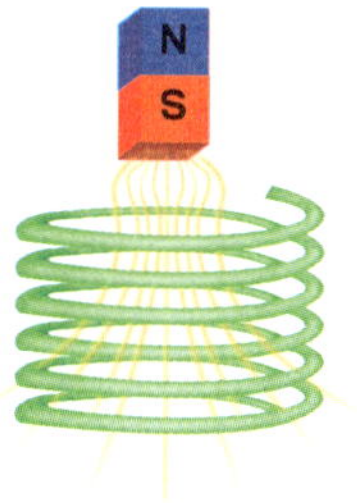

第二章
动力与能源

· 电力

28 电是怎么来的
直流电和交流电
电的输送
29 家庭用电

· 煤、石油和天然气

30 煤的成分
深埋地下的煤
石油和天然气
31 即将枯竭的石化能源

CONTENTS 目录

· 水能与风能
32 洁净的风能
风力发电
水的巨大能量
33 水力发电

· 太阳能
34 来自太阳的能量
用之不竭的能源
35 太阳能发电站

· 海洋能
36 潮汐能
36 洋流能

第三章
常见的材料

· 塑料
38 会变软的塑料
塑料的种类
39 绿色塑料

· 金属
40 贵重的金和银
白铁皮的“外衣”——锌
41 坚硬的钢与铁

· 纤维
42 天然纤维
合成纤维
尼龙
43 腈纶

· 建筑材料

44 混凝土
44 水泥

第四章
技术与发明

· 照相机与摄像机

46 照相机的结构
记录图像的胶卷
不用胶卷的相机
47 摄像机

· 电影

50 电影摄影
电影的剪辑
51 电影的放映

· 电脑

54 软件和硬件
电脑的“心脏”
55 能干的电脑

· 电话

48 电话是怎样工作的
移动电话
49 可视电话

· 电视

52 如何制作电视节目
电视信号的传播
53 精彩的电视图像

· 因特网

56 国际互联网
宽带
57 主页

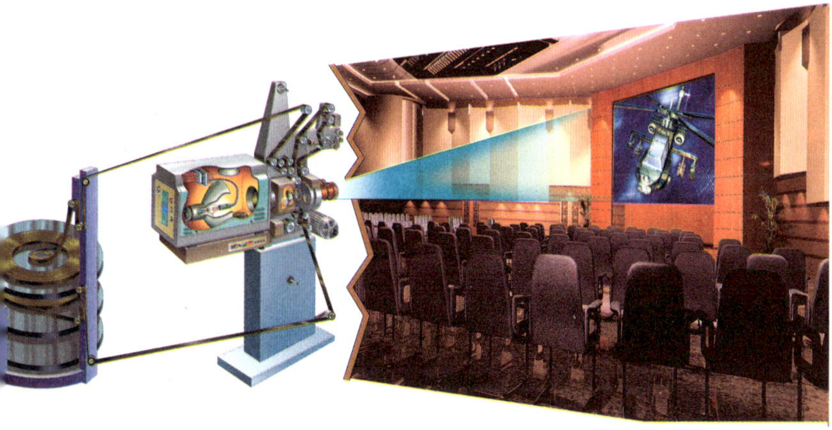

21世纪
入学儿童百科全书
科学人体大发现

CONTENTS 目录

· 机器人

58—59
- 机器人的样子
- 机器人的手
- 机器人的头脑

第五章 奇妙的人体

· 基因与克隆

60—60
- 基因工程
- 克隆技术

· 认识我们的身体

62—63
- 观察我们的体表
- 人体内部
- 并不对称的身体

· 组织、器官、系统

66—67
- 各司其职的组织
- 器官
- 人体系统

· 细胞

64—65
- 细胞的数量
- 形状多样的细胞
- 细胞的结构

· 皮肤

68—69
- 认识皮肤
- 皮肤的成分
- 独特的皮肤纹理

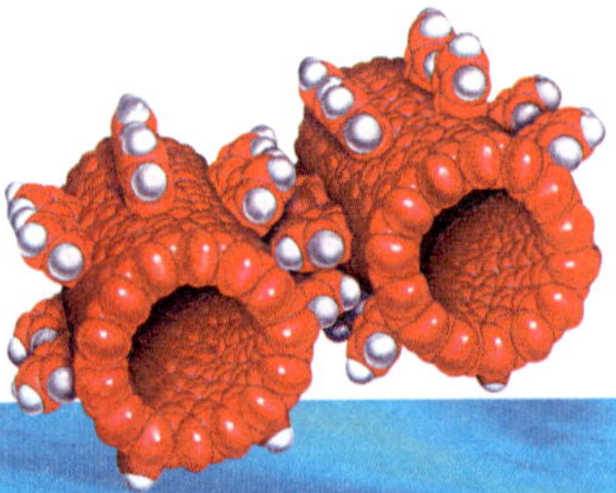

脑
70 大脑
小脑
71 脑干

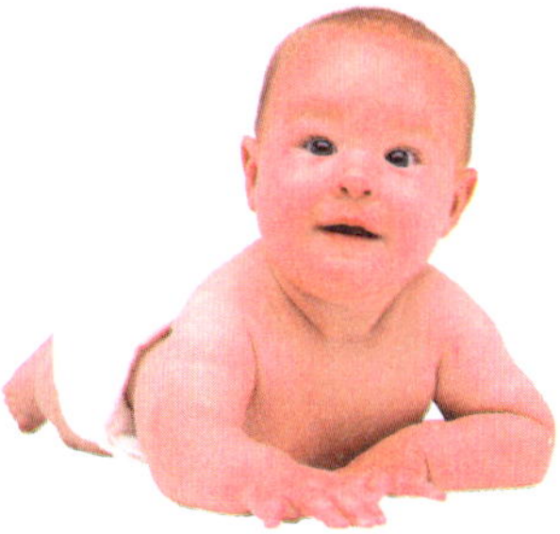

骨骼
80 人体的支架——骨骼
骨骼的构成
81 骨骼的成长

眼睛
72 眼睛的构造
视觉的形成
73 两个眼珠转动一致

鼻子
76 不同形状的鼻子
鼻子的结构
鼻子的功能
77 嗅觉的产生

肌肉
82 巧妙的肌肉结构
肌肉的类型
83 肌肉的作用

耳朵
74 外耳
中耳
75 内耳

舌头
78 崎曲不平的舌头
味蕾
79 品尝味道

CONTENTS 目录

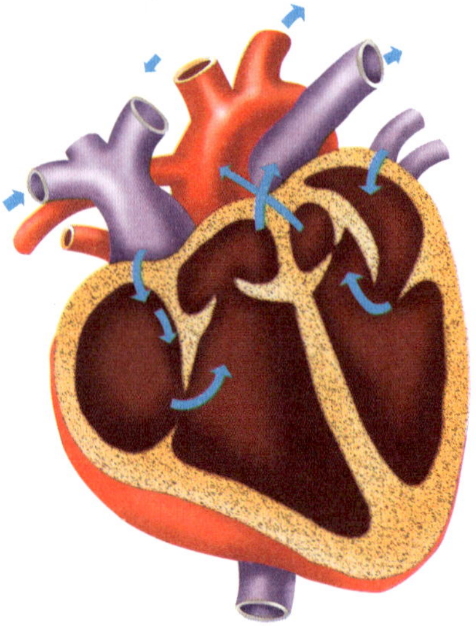

心脏

84 “分房而居”的心脏
身体“加油站”
85 心跳

肝和胆

90 能量中转站——肝脏
肝脏的排毒功能
91 高级乳化剂——胆汁

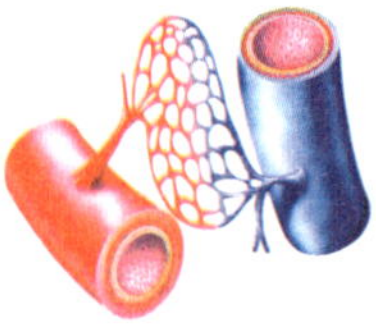

血管

86 动脉
静脉
87 毛细血管

小肠

92 小肠的组成
小肠的内部结构
93 小肠内的消化和吸收

肺和气管

96 忙碌的肺
奇妙的肺泡
97 气管

胃

88 胃的结构
神奇的胃液
惊人的消化量
89 胃的消化过程

大肠

94 大肠的外形
大肠的结构
大肠菌群
95 大肠的功能

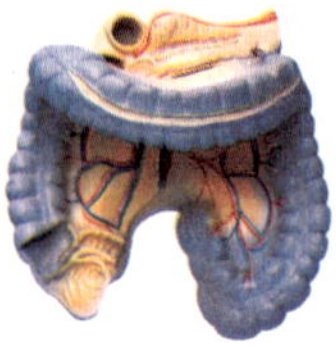

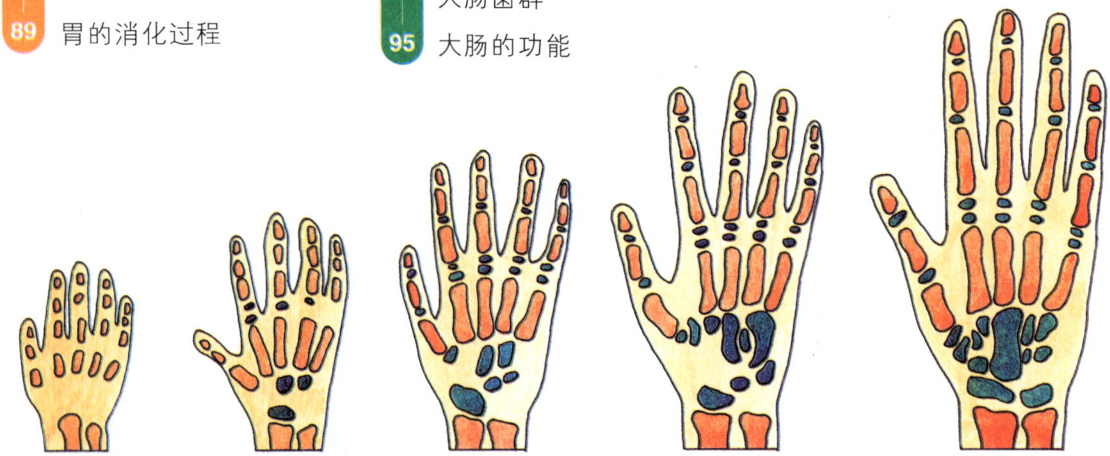

· 肾脏

98—99
肾的结构
肾单位
神通广大的肾
肾脏与排泄

· 淋巴系统

104—106
淋巴
淋巴结
“忠实的门卫”——扁桃体
最大的淋巴器官——脾
胸腺
阑尾

· 快速成长的婴儿期

110—111
爱睡觉的宝宝
身体的变化
宝宝的感觉发育
从爬行到站立

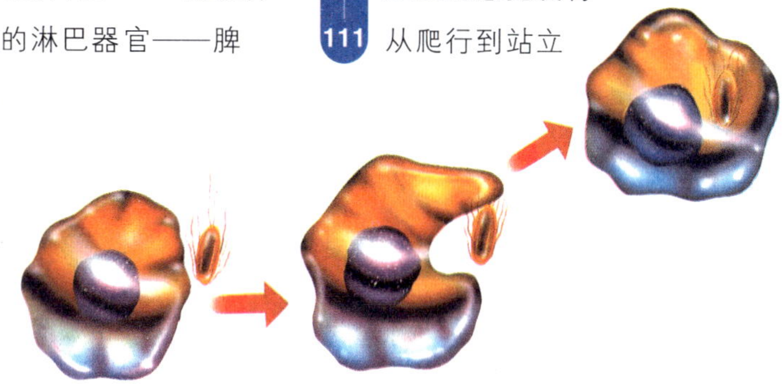

· 神经和脊髓

100—101
神经细胞
神经细胞的作用
信息高速路——“脊髓”
反射

第六章
生长与发育

· 活泼可爱的幼儿期

112—113
变化的脸型
大脑的发育
爱动手的年龄

· 免疫系统

102—103
身体内的“敌人”
身体外部的防御
伤口发炎

· 生命的开始

108—109
卵子和精子
从细胞到胎儿
胎儿是怎么发育的
新生命诞生了

· 无忧无虑的少年期

114—115
身体的变化
丰富的想象力
交上新朋友啦

CONTENTS 目录

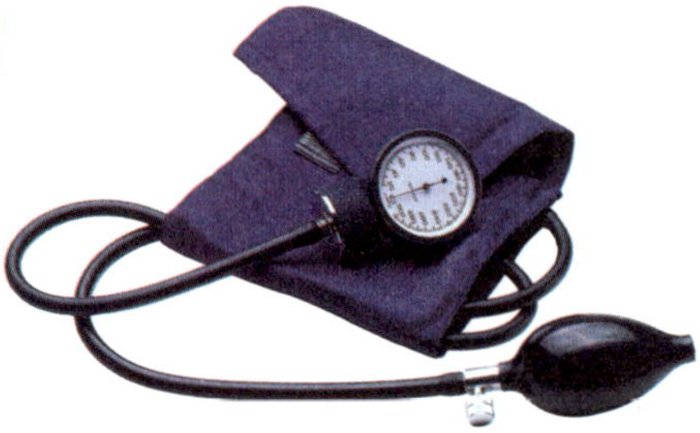

·萌动的青春期

116 迅速增高
长大和独立
青春期的男孩
117 青春期的女孩

·稳重的成年期

118 外表的改变
参加工作了
119 组建家庭

·不可避免的衰老期

120 开始长皱纹
长白头发了
身体器官退化了
孤独与失落
延缓衰老
122 生命消亡

第七章 健康与疾病

·饮食与健康

124 每餐都有主食
食物要多样
125 喝出健康来

·疾病与预防

126 传染病
生病要及时治疗
127 保护你的疫苗

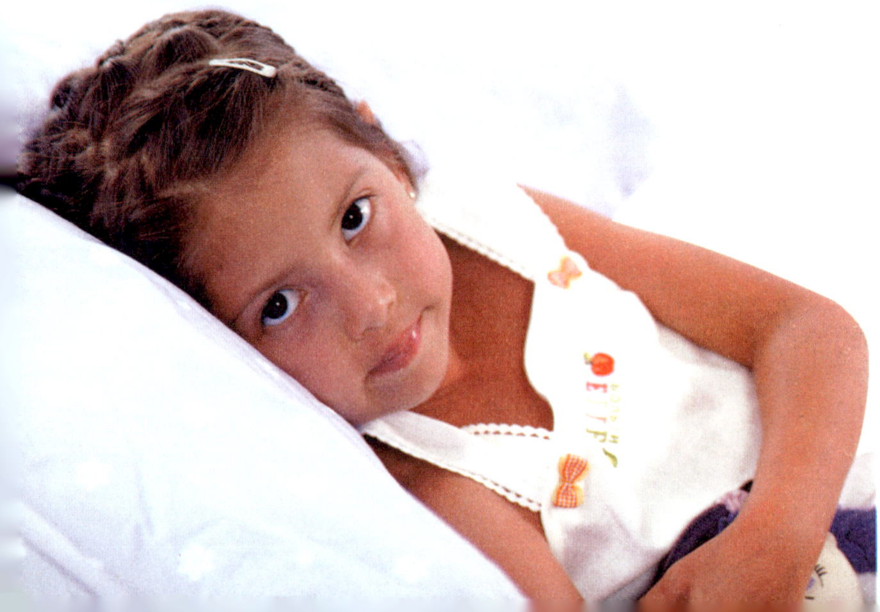

1

第一章 科学原理

在生活中，科学无处不在。聪明的科学家很早就捕捉到大自然的脉搏，探索出许多科学的奥秘。例如，空气中含氧、二氧化碳等成分，物质有固体、液体和气体三种状态，声音有强弱之分等。小朋友，赶紧翻开“科学原理”吧，你一定会被本章丰富有趣的知识和色彩斑斓的画面所吸引，在知识的海洋中尽情遨游！

yuán zǐ hé fēn zǐ
原子和分子

wǒ men yòng yǎn jing kàn dào de shuāng shǒu chù mō dào de xǔ duō dōng xi dōu shì
我们用眼睛看到的、双手触摸到的许多东西，都是
yóu wēi xiǎo de lì zǐ zǔ chéng de lì zǐ de zhǒng lèi hěn duō yuán zǐ hé fēn zǐ jiù shì zǔ
由微小的粒子组成的。粒子的种类很多，原子和分子就是组
chéng shì jiè wàn wù de zhòng yào lì zǐ
成世界万物的重要粒子。

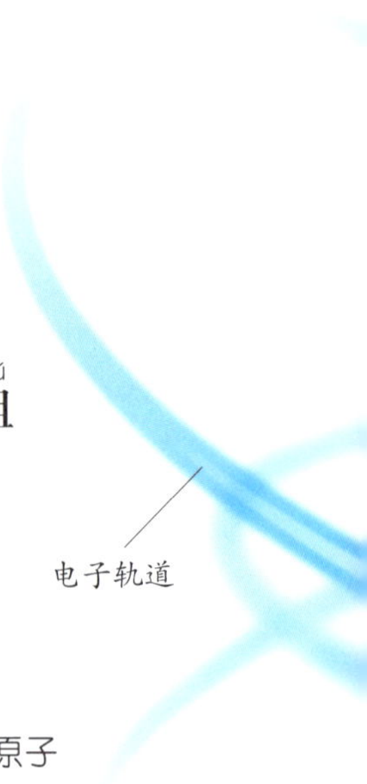

模拟情境中的原子大小与人手的关系

原子有多大

原子非常小，几百万个原子加起来只有一粒米那么大。假如一个原子的大小与人的指甲一样大，那么人的手将大得足以握住整个地球。虽然原子这么微小，可是它的内部却大部分是空的。

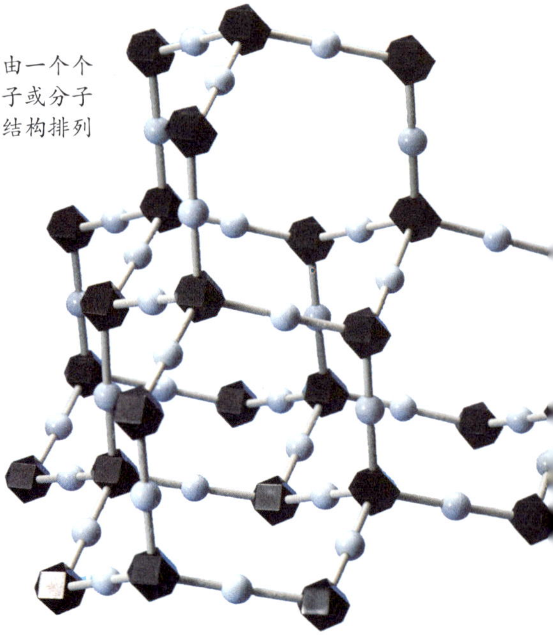

物质都是由一个个微小的原子或分子按一定的结构排列而成的。

质子、中子和电子

每一个原子的中心都有一个核，这就是原子核，它由两种比原子还要小的粒子，即质子和中子组成。在原子核外还有一种极微小的粒子——电子，它能围绕着原子核，在一定的轨道上做高速运动。

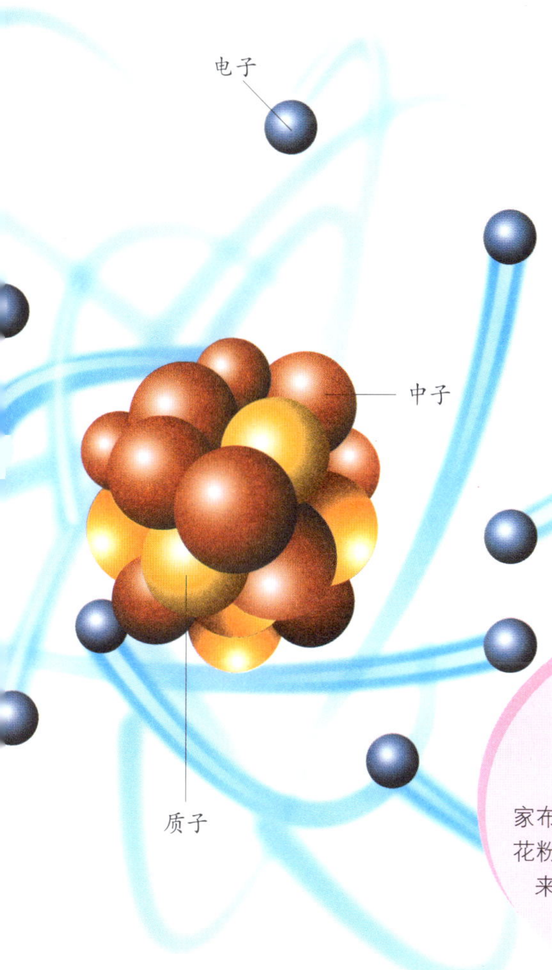

氖原子的内部结构

原子的键结

原子之间可不是随意混合在一起的，它们通过一种特殊的方式结合在一起组成分子，这就是“键”。原子的种类不同，结合在一起的“键”也不同，组成的物质也不同，所以我们周围的世界有数以万计的物质，显得如此异彩纷呈。

·奥秘大公开·

布朗运动

1827年，英国植物学家布朗发现：在水中漂浮的花粉会不停地蹦蹦跳跳。后来，人们就把这种悬浮微粒不停地做无规则运动的现象叫做布朗运动。

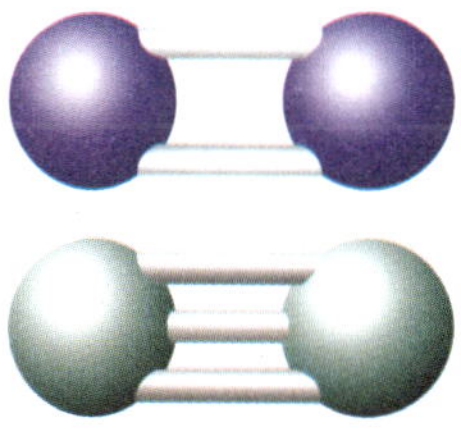

原子之间通过键的方式结合在一起，组成分子。

不断运动的分子

放学路上，我们总能闻到从窗户里飘出来的菜香。这是因为从烧熟的菜中散发出来的微小的分子在空气中跑动，有些就飘到我们的鼻子里了。分子和原子一样，一直在不停地做运动，温度越高，分子运动得越快，所占的空间也就越大。

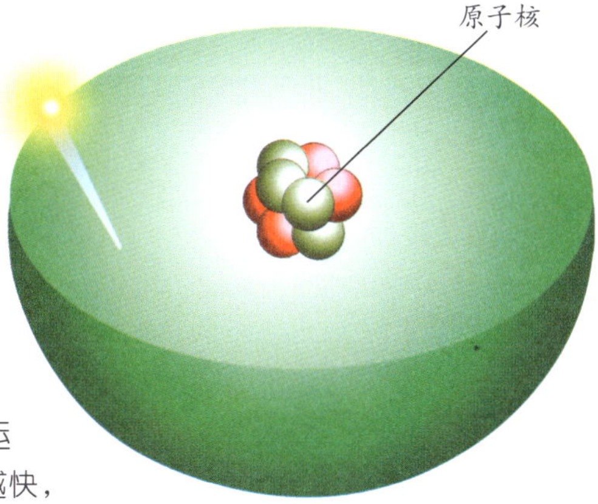

原子剖面图

·奇妙大看台·

一滴水中的分子

一滴水太不起眼了，可是你知道吗，一滴水里包含的水分子约有170万兆个。如果把这滴水倒入大海中“稀释”，那么，全世界每一升海水都可以分到42个那滴水中的分子。

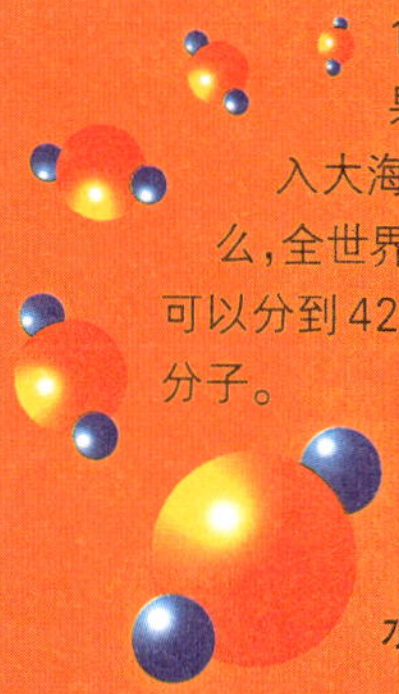

水分子结构图

物质的状态

大千世界都是由物质组成的。从我们每天清晨刷牙用的牙刷，到上学路上乘坐的公交车，从大自然中的花、鸟、虫、鱼，到宇宙中的星星、月亮，都是物质。物质有三种状态：固体、液体和气体。

水有固态、液态和气态三种形态。在一定的条件下，这三种形态可能同时存在。

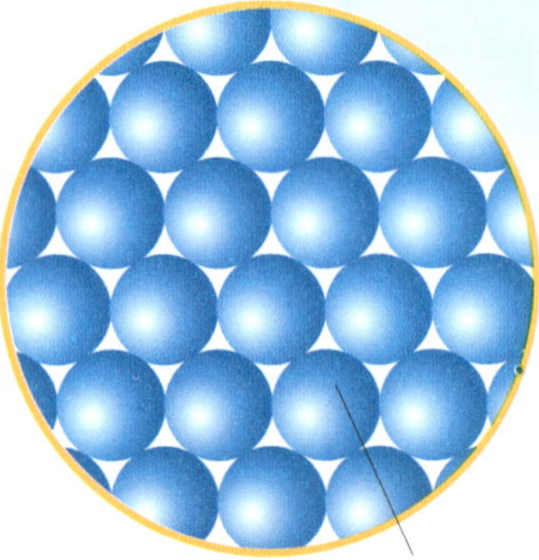

固体物质的分子紧密地团结在一起，相互之间吸引得牢牢的，所以固体都有一定的形状与体积。

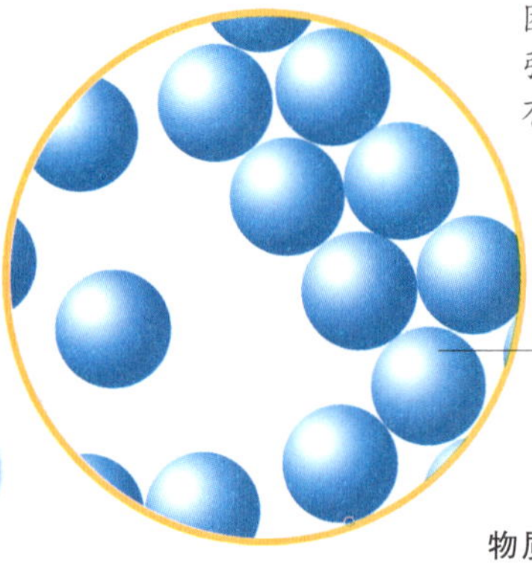

液体中的分子相互吸引并粘在一起。

物质的三种状态

稳定的固体

固体，顾名思义，形状是稳固的，不容易发生变化。这是因为固体物质的分子之间距离非常近，它们紧紧地团结在一起，形成牢固的结构。我们家中的书、桌子、床、沙发、电视、冰箱等都是固体。

矿物一般是固体。

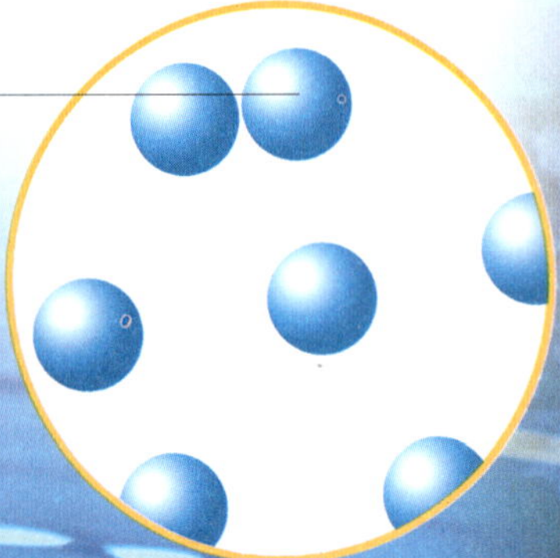

气体中的分子之间离得很远，相互作用很小。

流动的液体

液体没有固定的形状，可以流动。液体的形状与盛装它的器皿的形状是一样的。例如，我们将水倒进玻璃杯里，水的形状就跟玻璃杯的形状一样。如果水太满，溢出来了，形状就会发生变化。水、牛奶、饮料、蜂蜜等都是常见的液体。

水是液态的物质。

·奥秘大公开·

衣服为什么能晒干

洗过的湿衣服如果挂在阳光下晒，很快就会干。因为衣服表面的水分子吸收了太阳发出的热量，变成气体蒸发到空中。吸收的热量越多，水分蒸发得越快，衣服也就干得越快。

奔跑的气体

与固体相反，气体分子相互间并不是紧密地结合在一起，所以气体可以自由地来回跑动。把气体放到哪里，哪里的空间就会由于气体分子之间的快速运动而立即被填满，这说明气体没有固定的形状与体积。

虽然气体没有固定的形状，但是当我们用嘴吹出肥皂泡时，肥皂泡会裹住我们体内呼出的废气，因此可以观察到气体的存在。

变化的状态

寒冷的冬季，当你对着冰冷的玻璃窗哈一口气时，呼出的气体会凝结成一颗小小的水珠，变成液体。经过阳光的照射，这些小水珠又会变回气体，并消失得无影无踪。这说明水由液体变成了气体。和水一样，任何物质在一定条件下都能改变状态，成为固体、液体或气体。

·奇妙大看台·

太空中的液体

在太空中，如果宇航员不小心把饮用水洒出来了，水就会变成一个小圆球。由于太空中没有重力，这个小圆球并不会落下来，而是像水泡一样飞来飞去。

在太空中，宇航员不仅喝水难，行走也很难。

yán
盐

chǎo cài shí rú guǒ bù fàng diǎn yán jí
炒菜时，如果不放点盐，即
shǐ shì shān zhēn hǎi wèi yě wèi tóng jiáo là yán
使是山珍海味也味同嚼蜡。盐
shì yī zhǒng tiān rán wù zhì néng gòu róng jiě zài shuǐ zhōng
是一种天然物质，能够溶解在水中，
zài rì cháng shēng huó zhōng shí fēn yǒu yòng
在日常生活中十分有用。

白色的盐

美丽的晶体

我们在家中、商店里看到的盐都是白色的细小颗粒，看上去与糖很相似。其实，这是经过加工的盐。许多天然的盐存在于矿石之中，看起来像一个美丽的晶体。

在死海边，可以看到很多奇特的结晶体——盐柱。

许多矿石晶体中都含有盐的成分。

盐是怎么提炼的

你有没有想过海水为什么是咸的？因为海水里含有丰富的氯化钠，它是盐的主要成分。人们通常把海水抽出来，放在太阳下晒，水分慢慢蒸发，只留下白花花的一片，那就是盐。把这些盐收集起来，送到工厂里加工，就能制成不同种类的食用盐了。

形形色色的盐

盐的种类非常多，人们用来放在菜里的食盐只是最普通的一种。此外，还有很多其他种类的盐。比如我们经常使用的颜料，过节时鸣放的鞭炮，花园里的杀虫剂，农民种庄稼时用的肥料等都含有不同种类的盐。

将醋和碱混合在一起，也会产生盐。

有了盐，我们可以烹调出许多美味佳肴。

盐能去除鱼的腥味。

盐的用途

盐是重要的调味品。在鱼上放点盐，能够去掉鱼的腥味；在蔬菜里加上适量的盐，可以防止腐败变质，这也是为什么腌制的食品中要放许多盐的原因。此外，盐也被广泛地用于其他地方。例如，盐可以用来消毒，医院还常用生理盐水抢救病人。

·奥秘大公开·

人体内的盐

你注意过吗，你出的汗是咸的。这是因为当你出汗时，体内的盐会随着流失。出汗太多可能导致脱水和虚脱。所以，夏天应当适量喝些盐开水。

做一道菜需要使用盐、味精、酱油等多种调味品。

suān yǔ jiǎn
酸与碱

suān yǔ jiǎn zài wǒ men de shēng huó zhōng hěn cháng jiàn jú zi níng
酸与碱在我们的生活中很常见。橘子、柠
méng qì shuǐ suān nǎi cháng qǐ lái dōu yǒu yī zhǒng suān liū liū de wèi dào
檬、汽水、酸奶尝起来都有一种酸溜溜的味道，
zhè shì yīn wèi tā men hán yǒu suān de yuán gù jiǎn yě bǐ bǐ jiē shì
这是因为它们含有酸的缘故。碱也比比皆是，
jiào shì li de fěn bǐ wǒ men zuǐ li de tuò yè dōu hán yǒu jiǎn
教室里的粉笔，我们嘴里的唾液都含有碱。

肥皂俗称“洋碱”，它含的碱量越多，就显得越硬。

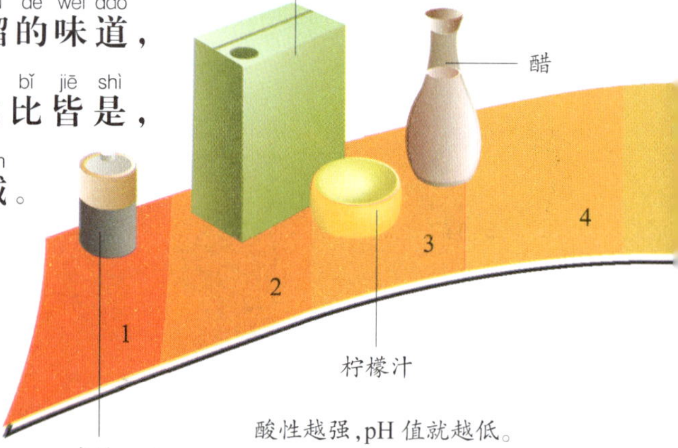

酸性越强，pH 值就越低。

酸的强弱

酸有强弱之分。橘子、柠檬、酸奶和烧菜时用的醋里的酸都是弱酸，像硫酸这样的酸是强酸。强酸腐蚀性比弱酸大得多。如果将一滴强酸滴在纸上，会发现纸看上去像被烧焦一样，这是纸被强酸腐蚀的结果。有些强酸还能够溶解坚硬的金属与玻璃，所以比较危险。

碱的强弱

碱也有强弱之分。相对而言，弱碱比较安全，我们可以接触，我们常用的肥皂、小苏打里的碱都是弱碱。强碱有极强的腐蚀性，十分危险。

有不少洗涤剂里含有碱，可以洗去蔬菜、水果上的农药。

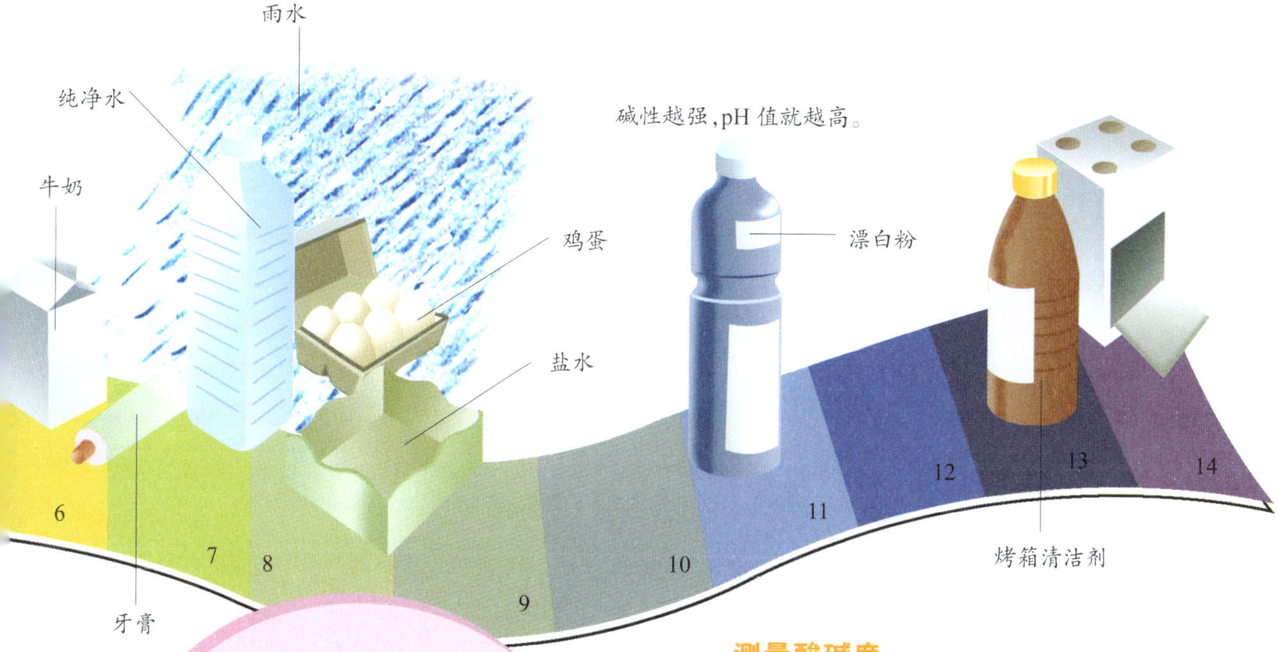

·奥秘大公开·

酸雨

酸雨是一种灾害性天气，是由工厂的烟囱里排放的气体、汽车排放的废气引起的。这些气体能溶解在雨、冰雹和雪中，使它们呈酸性，从而污染土壤和湖泊。

测量酸碱度

如果把一片柠檬放进茶杯里，茶水的颜色就会发生细微的变化，这是因为柠檬增加了茶的酸度，所以水的颜色才会发生变化。酸碱度可以通过一张pH值的标度表来测量。上面的标度表里有 1 ～ 14 个刻度，从 1 ～ 7 表示酸性溶液，从 7 ～ 11 表示碱性溶液。

黄蜂的刺中含有碱性物质，被黄蜂蜇伤后，如果用酸来中和，就不会胀痛了。

酸碱中和

如果你的手给黄蜂蜇了一下，只要在被蜇的部位涂少量柠檬汁，很快就可以消肿。这是什么原因呢？因为黄蜂的刺里面含有碱，所以被蛰伤后很疼，如果涂点含有酸的柠檬汁，就能够消除肿胀。这就是酸与碱发生了中和反应。

工业上常利用酸碱中和反应来制造新的物质。

kōng qì
空气

kōng qì shì hé wǒ men zuì
空气是和我们最
qīn jìn de qì tǐ， tā wú suǒ
亲近的气体，它无所
bù zài， jiù lián wǒ men shēn tǐ
不在，就连我们身体
nèi yě yǒu kōng qì。 kōng qì kàn
内也有空气。空气看
bù jiàn， wén bù dào， mō bù zháo，
不见，闻不到，摸不着，
yě tīng bù dào， dàn yòu què què shí shí cún
也听不到，但又确确实实存
zài zhe。
在着。

空气每时每刻都包围着我们。

植物的光合作用离不开空气。

空气中的气体

空气是无色无味的气体混合物，主要由氮与氧组成，还有少量的二氧化碳、氦、氖等气体。其中，氧气相当重要，绝大多数生物都需要利用它对食物能量进行分解和释放。

空气的用途

空气不仅可以给万物生长提供必要的条件，而且还能用于提高生活质量。我们家中的吸尘器要利用空气的特性进行工作；汽车轮胎内有适量的空气可以保障车辆行驶正常；工业生产中，空气还可以为物体保温或降温，分离出有害的烟尘。

空气是一种气体混合物。

用氦气填充的飞艇比用氢气填充的飞艇更安全、更保险。

空气的湿度

在空调房里呆久了，会感到口干舌燥，这是因为空调房内相对湿度偏低的缘故。湿度是空气中含有水蒸气的数量。通常我们用相对湿度来表示空气湿度的大小。在一定温度条件下，空气相对湿度越低，人体汗液蒸发越快。

降雨可以增加空气的湿度。

在特殊条件下，空气中的氖能射出一种穿透力极强的红光，人们用它做成氖灯，做机场、港口的航标灯。

·奥秘大公开·

空气家具

有一种内充空气的家具，既便宜又实用。这种家具里面可以分成一个一个的小空气包。如果觉得它太硬，可以抽出部分空气，调节家具的硬软程度。

·奇妙大看台·

奇异的空气颗粒

如果我们仔细观察一束阳光，会发现许多微小的灰尘在不停地浮动。这些灰尘颗粒通常来自于汽车的尾气，工厂烟囱里飘出的烟雾，甚至植物的花粉和大海中的盐分。飘浮的灰尘越多，说明空气污染越严重。

有些化学工厂排出的废气对空气造成了污染。

大气压力

空气被地心引力拉向地球表面，形成了气压。由于空气分子总是不断互相碰撞，所以气压也不断发生变化。不断变化的气压会对天气产生影响。气压高的地区通常天气晴朗、稳定；气压低则易产生多云、阴雨的天气。气压的高低可以通过气压计来测量。

shuǐ

水

shuǐ shì yī zhǒng wú sè wú wèi de yè tǐ tā yóu qīng hé yǎng zǔ
水是一种无色、无味的液体，它由氢和氧组
chéng zài wǒ men de rì cháng shēng huó zhōng bàn yǎn zhe jí qí zhòng yào
成，在我们的日常生活中扮演着极其重要
de jué sè dì qiú shang suǒ yǒu shēng wù de shēng mìng guò chéng dōu
的角色，地球上所有生物的生命过程都
lí bù kāi shuǐ
离不开水。

无所不在的水

水是地球上最丰富的物质，它覆盖了70%以上的地球表面。不仅江河、大海里有水，空气、云层里有水，我们吃的蔬菜、水果里有水，连人体内也含有大量的水。水对我们真是太重要了。

水约占人体体重的65%。

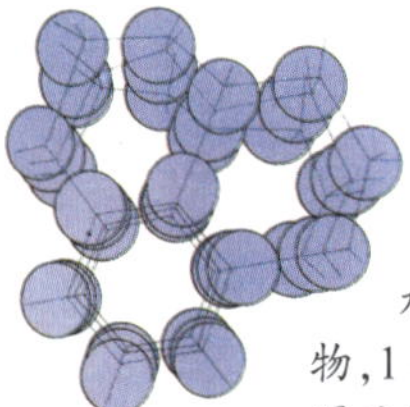

水是氢和氧的化合物，1个水分子由2个氢原子和1个氧原子组成。

·奥秘大公开·

水滴为什么是圆形的

你注意过停留在树叶上的小露珠吗？每一滴都是圆的。水滴为什么总是呈圆形呢？这是因为水的张力比较大，能够自动收缩，使水的表面积尽量变小的缘故。

地球表面约70%被水覆盖着。

水的性质

在正常室温下，纯水是一种无色的液体。水到100℃时会沸腾，在0℃时会结冰。水的pH值为7，这说明它是中性的。水的传热性要比其他液体小，所以一些天然河流封冻时，冰体会缓慢增厚，但即使水面长期封冻，河流深处可能仍然是液体，因此，生活在水底的动植物仍可维持生命。

一滴水中的水分子，比我们在天空中看到的星星还要多。

在海水中自由自在生活的动物

绝妙的溶剂

水是一种绝妙的溶剂，许多物质都很容易溶解在水里。比如，用水冲泡茶叶时，水中就有了茶的味道；做菜时在里面加点盐，汤就有了咸味；洗衣服时，必须把洗衣粉溶解在水里，才能去除衣服上的污垢。

一切生命都离不开水。

水是一种主要的溶剂。

水的净化

大自然中大部分水源都不能直接用做生活用水，因为这些裸露的水源里含有杂质和致病的细菌，必须对水进行净化。净化时，先要让水中的杂质沉降到水底，进行澄清，然后往水里加入去除杂质的明矾，最后用氯气进行消毒。这样净化过后的水就是自来水。

水无处不在。

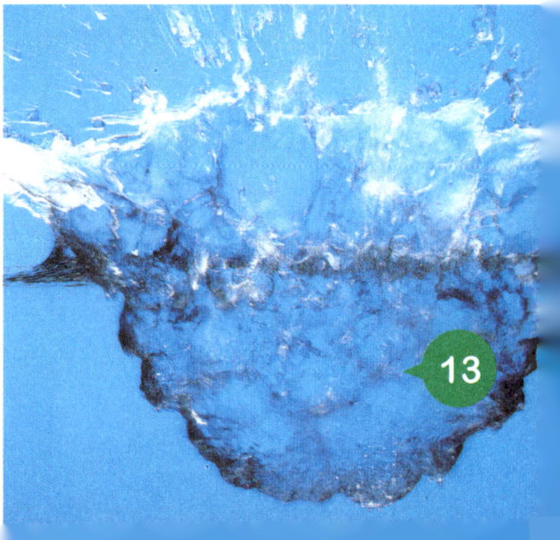

水对我们的生活真是太重要了。

shēng yīn
声音

wǒ men shēng huó zài yī ge chōng mǎn shēng yīn de shì jiè li yǒu xiē
我们生活在一个充满声音的世界里。有些
shēng yīn shì zì rán jiè chǎn shēng de rú fēng shēng yǔ shēng hǎi làng shēng yǒu xiē
声音是自然界产生的，如风声、雨声、海浪声；有些
shēng yīn zé shì rén dòng wù huò jī qì fā chū de rú shuō huà shēng
声音则是人、动物或机器发出的，如说话声、
yīn yuè shēng jī qì shēng děng
音乐声、机器声等。

声音是如何产生的

我们周围的许多声音都是通过振动产生的。当我们说话、拍手、唱歌时，空气分子会快速振动，形成声波。声波能够通过空气传播，进入我们的耳朵，引起耳膜的振动。这时，听神经将声波报告给大脑，我们就能听到声音了。

艺术家倾情的演奏为我们带来悦耳的音乐声。

聆听美妙的音乐是人们的一种享受。

声音的高和低

声音有高低之分，声音的高低跟物质在空气中振动的速度有关。振动得越快，声音就越高；振动得越慢，声音就越低。而女孩子的发声频率通常比男孩子要高，所以，听起来就感觉她们的声音比男孩子要尖锐。

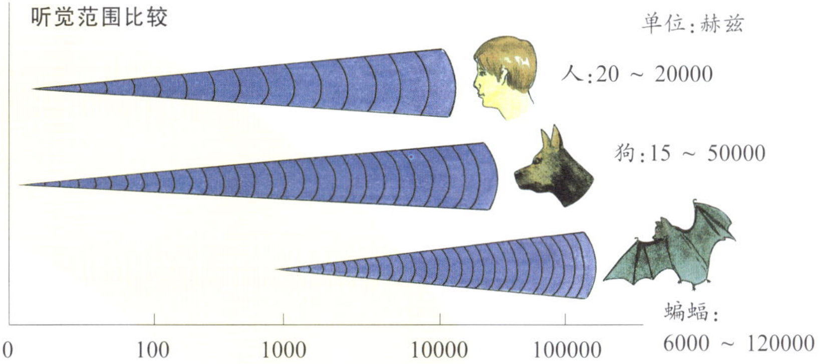

奇妙的回声

在空旷的山谷或者空荡荡的大房子里大声说话，会听到回声。因为声音是以声波的方式一直向前传播的，如果在路上遇到山、墙壁这样坚硬平滑的东西的阻挡，声波就会被反射回来，再次传入人的耳朵中，形成回声。

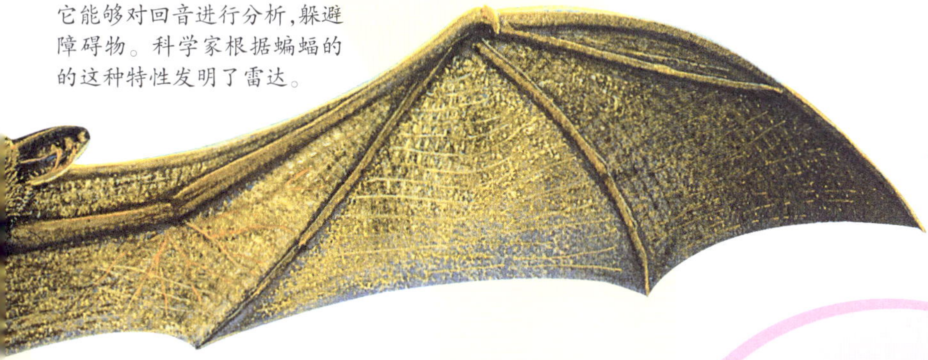

蝙蝠是利用回声定位的高手，它能够对回音进行分析，躲避障碍物。科学家根据蝙蝠的的这种特性发明了雷达。

鲸也能利用回声定位。

有害的噪声

在工厂和建筑工地，我们常常听到一些强烈、嘈杂、刺耳的声音，让人感觉非常烦躁。这些声音大多是由电锯、切割机、搅拌机、交通工具等发出来的。如果长期在充满噪声的环境里生活，听力会受到损害，进而影响身体健康。

· 奥秘大公开 ·

海豚的歌声

声音在水中传播比在空气中要快，因此，水中的声音在完全消失前能传播得更远。海豚就利用在水中发出声音向同伴传达信息，这些声音听起来就像“唱歌”一样。

天坛回音壁

guāng yǔ sè
光与色

rú guǒ méi yǒu guāng wǒ men jiù kàn bù dào rèn hé dōng xi guāng
如果没有光，我们就看不到任何东西。光
bù jǐn zhào liàng le wǒ men de shì jiè hái gěi wǒ men dài lái le bīn
不仅照亮了我们的世界，还给我们带来了缤
fēn de sè cǎi dì qiú shang de guāng zhǔ yào lái zì tài yáng
纷的色彩。地球上的光主要来自太阳。
cǐ wài diàn huǒ dēng yě néng chǎn shēng guāng
此外，电、火等也能产生光。

电灯发出的光

光的反射

光虽然是沿直线前进的，但当它遇到前方的障碍物时，有一部分光会反弹回来，这就是光的反射现象。人们利用光的反射现象，制造出了光滑的镜子，使我们能够在镜中看到自己的真实模样。

太阳是地球上的一切生命之源。

玻璃杯中“弯曲”的铅笔

光的折射

当你将一支铅笔放到装有水的玻璃杯中时，会发现杯子里的铅笔看起来是弯的，这是因为光在通过玻璃和水时发生了弯曲，这样，我们的眼睛看到的就只是真实铅笔的像。像这样光从一种物体进入另一种物体，前进方向发生变化的现象就称为光的折射。

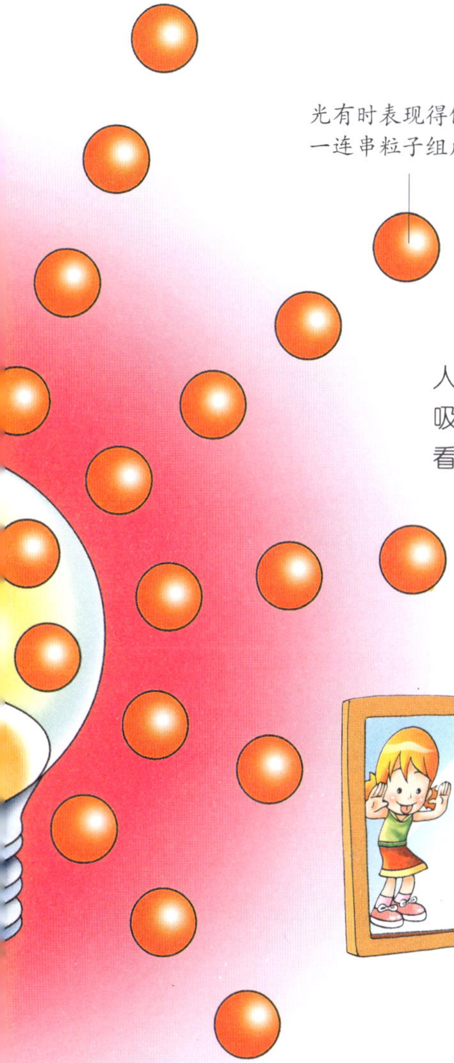

光有时表现得像是由一连串粒子组成的。

颜色是怎么来的

我们的眼睛经常能看到红、黄、蓝、绿等不同的颜色，这是因为物体表面有吸收光线和反射光线的本领。当物体反射的光不同时，人的眼睛看到的色彩也会不同。比如，树叶能吸收所有颜色的光，只反射绿色光，所以我们看到的叶子是绿色的。

玫瑰花之所以呈现红色，是因为它反射了阳光中的红光。

·奥秘大公开·

有趣的哈哈镜

如果你站在哈哈镜前，会发现镜子里自己的身体变了形。其实，是镜子本身变形了。镜面有的地方是凹的，有的地方是凸的，光线反射过去时，就产生了有趣的影像。

红、蓝、绿三原色混合后，会变成白色。

·奇妙大看台·

雨后彩虹

雨后，人们常常在天边看到美丽的彩虹，彩虹是怎么形成的呢？原来，雨后空气中有许多小雨滴。太阳光遇到雨滴时，被分解成不同颜色的光，形成了彩虹。我们站的位置不同，看到的彩虹形状也不相同。

彩虹

光的三原色

我们生活的世界里有各种各样的颜色。但大多数颜色其实是由红、蓝、绿三种颜色调配出来的。这三种最基本的颜色就叫光的三原色。电视机荧光屏上的彩色图像就是由这三种颜色混合而成的。

太阳的白光是由红、橙、黄、绿、青、蓝、紫七种色光组成的“复色光”，通过三棱镜后会产生自红到紫顺序排列的彩色连续光谱。

电

电是一种可以转换成其他各种形式的能量。比如，灯泡把电转换成光，取暖器把电转换成热等。电使用起来非常方便，它可以沿着导线流到任何需要的地方。

电流在电线内流动。

电荷

当一些物体上有了静电时，我们就说它带上了“电荷”，电荷有正电荷与负电荷两种。它的最大的特点就是：相同的电荷互相排斥，不同的电荷互相吸引。

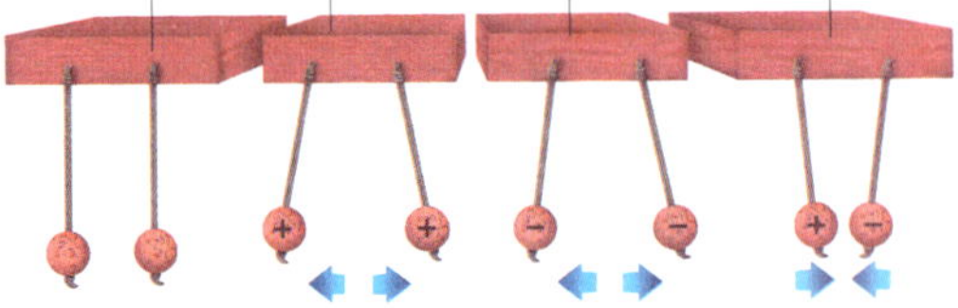

同种电荷相斥，异种电荷相吸。

奇妙的静电

在冬天的夜晚，当我们脱毛衣时，会听到噼里啪啦的响声，甚至还能够看到毛衣上星星点点的火花。这就是静电现象。静电是一种不流动的电，它可以积攒起来，一旦与其他物体产生摩擦，静电便会突然释放出来，并产生噼啪声和火花。

有了电，城市的夜晚才变得如此瑰丽。

电路

电路是让电流通过的线路，是由电源、导线、开关、用电器等设备连接而成的。这些装置缺一不可。如果电路中有一处出了问题或者断开，电流就不能顺利通过。在家庭用电中，当电路发生故障时，一种名叫断路器的装置便会自动切断电源，以保证用电安全。

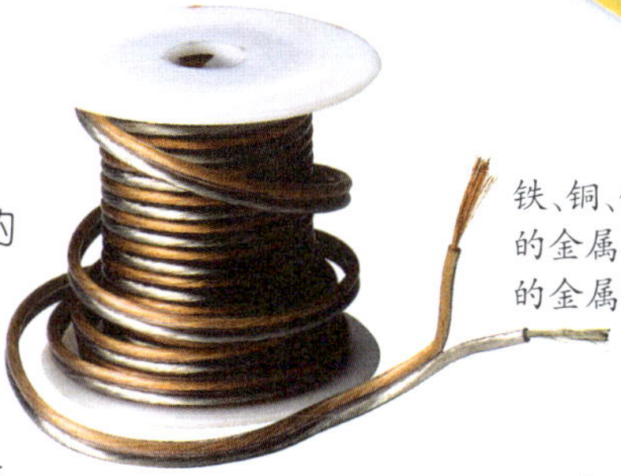

铁、铜、铝是常用的金属导体，导线中的金属一般为铜。

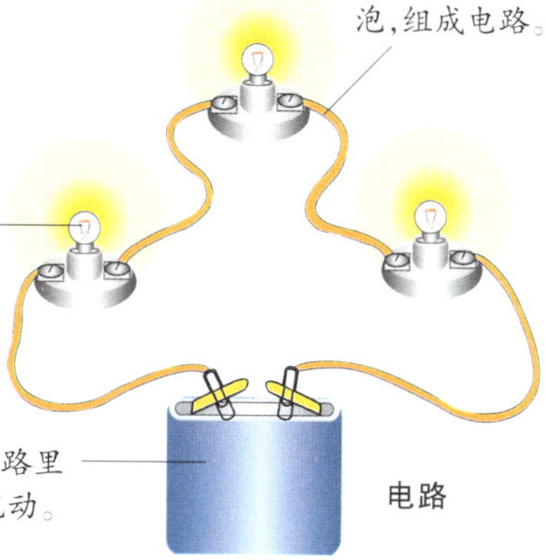

电路

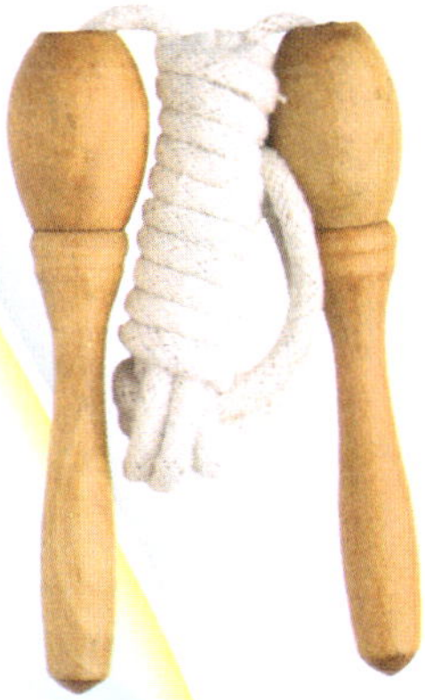

木头是很好的绝缘体。

导体与绝缘体

在电路中，电流能够通过的物体叫导体，大多数金属、人的身体都是非常好的导体。如果没有导体，电就无法输送。相反，电流不能通过的物体叫绝缘体，如木头、塑料、石头和空气等。绝缘体能保证人们的用电安全。

·奥秘大公开·

捉住雷电的富兰克林

美国发明家富兰克林曾在雷雨中放风筝，电从潮湿的风筝线上传下来，流到风筝线另一端的钥匙上。他用手靠近钥匙时，发现手指与钥匙之间迸出火花，便推断闪电也是一种电，并据此发明了避雷针。

cí yǔ diàn cí
磁与电磁

yòng cí tiě hěn róng yì jiù néng bǎ diào zài dì shang de qū bié zhēn jiǎn qǐ lái
用磁铁很容易就能把掉在地上的曲别针捡起来，
zhè jiù shì cí de mó lì cí shì mǒu xiē jīn shǔ huò kuàng shí sàn fā chū de
这就是磁的魔力。磁是某些金属或矿石散发出的
zì rán lì jù yǒu xī yǐn huò pái chì mǒu xiē wù tǐ de néng lì cí hái
自然力，具有吸引或排斥某些物体的能力。磁还
kě yǐ lì yòng diàn lái chǎn shēng zhè jiù shì diàn cí
可以利用电来产生，这就是电磁。

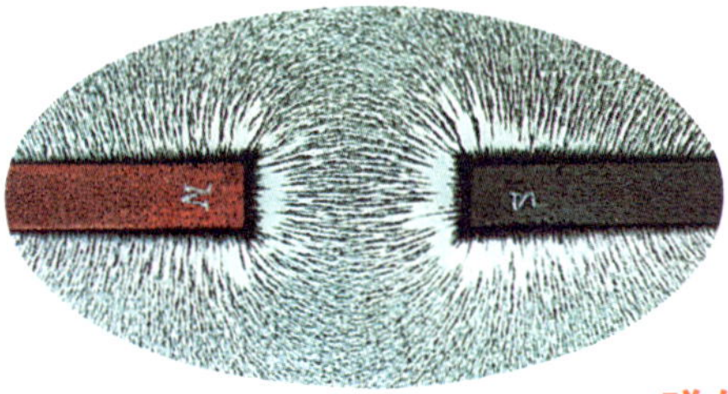

在磁体周围撒下一些铁粉时，使会发现铁粉排列得整整齐齐，这就是磁场的力量。

磁体和磁场

磁体是指具有磁性的物体，它很容易吸引铁、镍、钴等金属物质。磁铁是最常见的一种磁体。任何磁体的周围总有一个可以测出其磁性的空间，即磁场。在磁场范围内的铁、镍、钴等东西都会受到它的吸引。

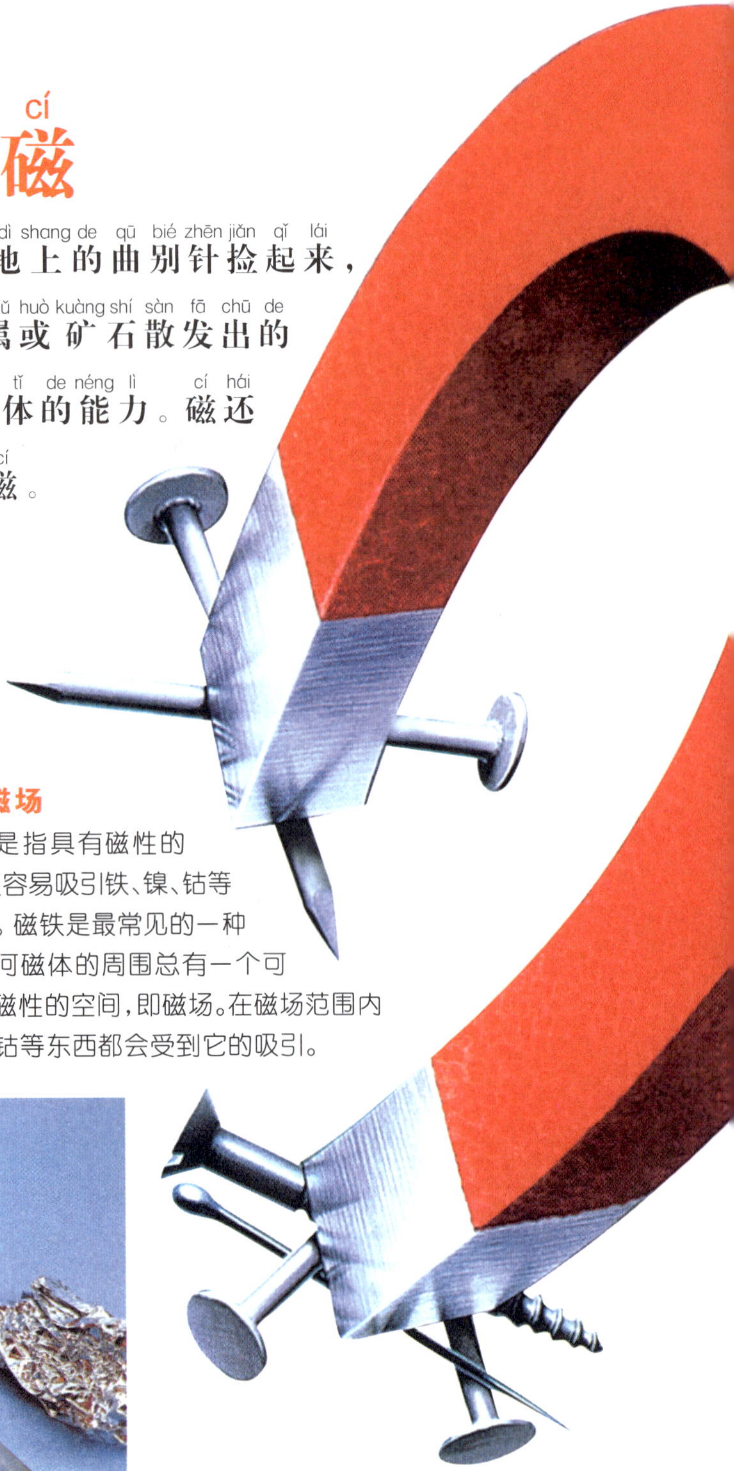

用一块天然磁铁矿石，就能吸起细小的铁钉。

磁铁是常见的磁体，它能吸起铁、钴等金属物质。

磁体的南极和北极

磁极

磁体两端的磁性最强，称为磁极。指向北方的磁极称为北极，用“N”表示；指向南方的磁极称为南极，用“S”表示。在任何一个磁体上，南极和北极总是成对出现的，它们的磁力强度相等。当两个相同的磁极相对时，会互相排斥；当两个不同的磁极相对时，会互相吸引。

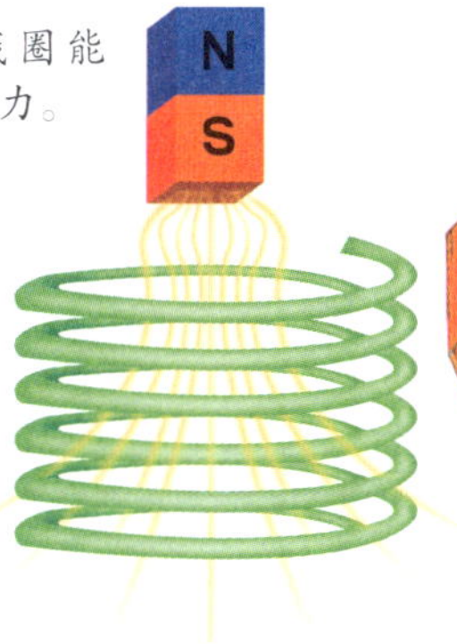

通电线圈能产生磁力。

·奥秘大公开·

磁化水

磁化是使原来没有磁性的物体得到磁性的过程。磁化在生活中有广泛的应用，磁化水便是其中之一。普通水以一定速度通过特定的磁场，就会变成磁化水。

起重机的吊盘利用电产生磁，进行工作。

借电生磁

电生磁是指流过导线的电流能产生磁场的现象。如果一条直的金属导线通过电流，那么在导线周围的空间将产生磁场。导线中流过的电流越大，产生的磁场越强。常见的门铃、磁卡等都是电磁原理的应用。

有了磁卡，人们的生活变得更加方便。

·奇妙大看台·

一直指向北的罗盘

罗盘是中国古代重要的发明之一，它的指针永远指向北方。这是因为罗盘的指针是一个小磁体，而地球自身具有磁性。由于受到地球磁极即南北极拉斥力的影响，罗盘的指针就会指向北。

古代航海离不开罗盘。

热与能

你注意过吗？当水壶里的水烧开时，壶盖会被水蒸气顶起来，这是热能在起作用。热能是由热转化来的，是能量的一种形式。能量无处不在，它可以让我们身边的各种东西运动或工作起来。

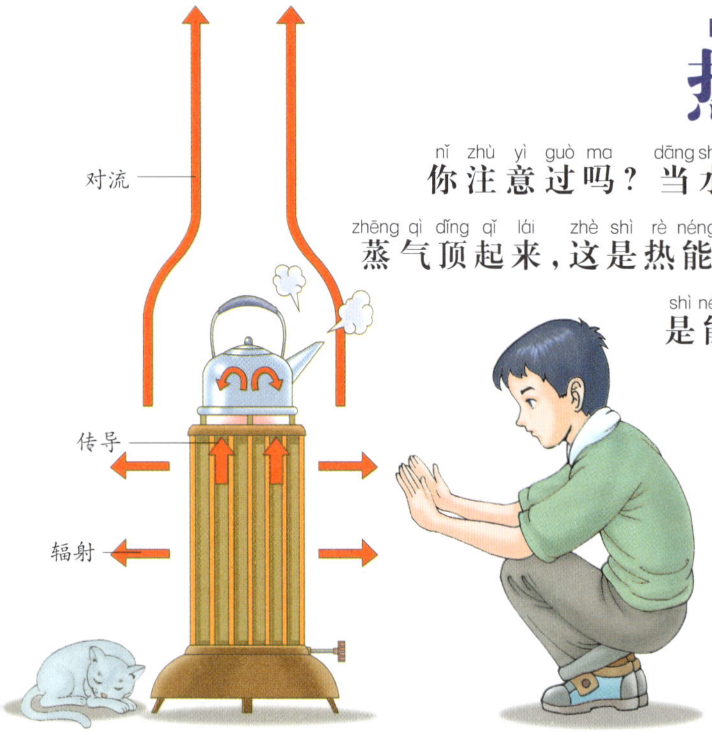

热还会以辐射的方式进行传递。辐射是温度高的物体向周围发出带有热量的射线。

温度与热量

开水和烧红的铁都非常烫，但它们烫的程度并不一样，这通常用温度来区别。温度是衡量物体所含热量的计算单位，用摄氏度(℃)表示。但热量和温度是有区别的。比如，开水的温度虽然比冰山高，但所含热量却要少。

冰镇啤酒应用的是热传导的原理。啤酒瓶将热传递给了冰块，酒因为热量减少而变凉。

热的传递

热量总能从较热的物体传递到较冷的物体中。传导和对流是常见的传热方式。热的食物放在桌子上很快会变凉，这是食物中的热量转移到较冷的空气中了，这就是传导；烧水时，锅里烧热的水不断上升，冷水不断下降，这叫对流。

食物中储藏的化学能，可以给我们提供充分的营养。

动能和势能

动能和势能是两种常见的能量。物体由于运动而具有的能，叫动能。当外力向物体传递能量时，物体就因为获得了动能而改变速度；如果物体保持不动，说明它没有动能了。势能是由物体所处的位置或状态而具有的能量，水库里的水落下时就蕴含着很大的势能。

冬天很冷，我们会穿很厚的衣服，以减少热量的流失。

·奥秘大公开·

热胀冷缩

物体受热后，内部分子会加剧运动，分子间的距离增大，导致物体的体积膨胀；而遇冷时情况正好相反。这就是大多数物体受热膨胀、遇冷收缩的原因。

测量温度的仪器叫温度计。

汽油给汽车提供前进的动力，这是一种复杂的能量转化过程。

能量不灭

能量既不能被创造，也不能被消灭。也就是说，宇宙中所有的能量加起来是永远保持不变的。但能量是会互相转换的，它能够从一个物体转移到另一个物体，也可以从一种形式转化为另一种形式。

lì yǔ yùn dòng
力与运动

wǒ men shēng huó zài yī ge yùn
我们生活在一个运
dòng de shì jiè rén men bēn pǎo tiào
动的世界。人们奔跑、跳
yuè hū xī chàng gē bái yún piāo
跃、呼吸、唱歌，白云飘
fú hé shuǐ bēn liú fēng chuī dòng shù yè
浮、河水奔流、风吹动树叶，
jī qì fēi kuài de yùn zhuǎn dōu shì zài mǒu zhǒng lì de zuò
机器飞快地运转，都是在某种力的作
yòng xià chǎn shēng de yùn dòng
用下产生的运动。

苹果树上的苹果成熟后之所以会往地上掉，是因为受重力的作用。

当你跳绳时，总是很快落到地上，这是因为有重力作用的缘故。

重力

当你向空中扔一个皮球时，不一会儿，它就会掉下来。这是什么原因呢？原来，皮球在空中会被一种名为重力的力量拉下去，直到最后坠落到地面。重力其实是来自地球的一种奇异的吸引力。

作用力与反作用力

当我们用力拉开一个弹簧时，手上会感觉到一股要把弹簧往回拉的力量。我们对弹簧施加的这个力就是作用力，弹簧所产生的反抗力叫做反作用力。这两种力大小相等，方向相反。

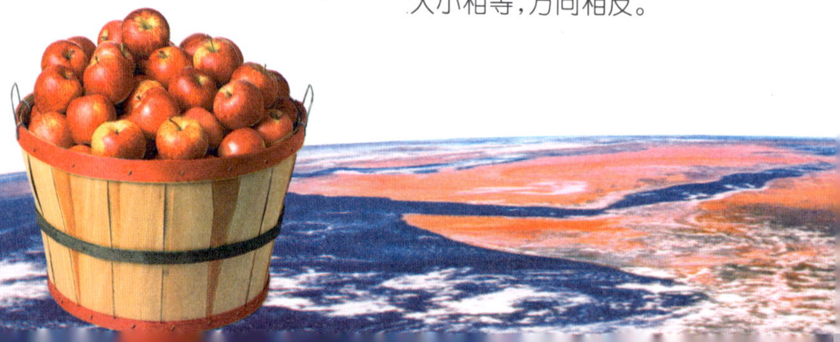

·奥秘大公开·

神奇的惯性

当我们坐公共汽车时，一旦司机紧急刹车，我们的身体还会往行驶的方向倾斜。这是因为我们也随着公共汽车在往前运动的缘故，这就是惯性。

滑雪运动员用两个长雪橇来增大受力面积，从而减小压强。

压力和压强

一本书放在平整的沙面上会留下痕迹，这是书对沙面施加了力的结果。像这样垂直作用于物体表面的力就是压力。压力的作用效果不仅跟压力的大小有关，还跟受力面积的大小有关。我们把物体在单位面积上受到的压力称为压强。

永不停息的运动

世界上的万物都在不停息地运动。地球在昼夜不停地自转；地球表面上看起来不运动的物体，实际上都在随着地球一起转动。自然界中绝对不动的物体是没有的。

摆钟的摆以摆动的方式左右往复运动。

过山车依靠重力加速运动，利用惯性爬坡。

溜旱冰时，溜冰鞋与地面会产生滚动摩擦力。

简单机械

机械是能够帮助人们完成复杂工作的装置。所有的机械都是由斜面、杠杆、轮轴、螺旋等简单机械组成的，其中，斜面与杠杆最常见。

童车是利用轮轴的原理来前进的。

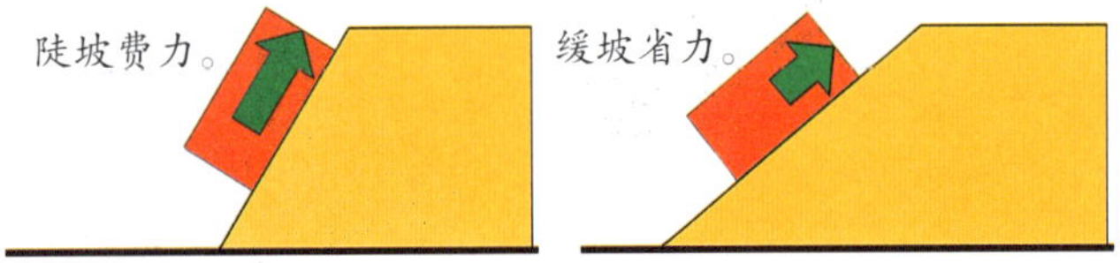

斜面示意图

老虎钳是一种省力的杠杆。

斜面

汽车在曲折盘旋的山路上行驶比在笔直而陡峭的山路上行驶轻松得多，你知道为什么吗？因为盘旋而上的山路好比一个简单的机械，即斜面。在使车辆升到同样高度的条件下，斜面越长就越省力，但它增加了汽车行驶的距离。

用杠杆可以撬起重物。

杠杆

将一根长木棍放在一个固定的点上，就做成了一个简易的杠杆。如果我们用这根杠杆撬动一块石头，会发现木棍的固定点离石头越近，我们越省力，反之我们就越费力。这就是杠杆原理。人们利用这个原理制作了很多省力的工具，如剪刀、老虎钳。

2

第二章

动力与能源

力能够使物体开始运动、改变运动路线或停止运动。而所有物体的运动又都离不开能(能量或能源)。没有能,就没有生命,也没有运动。本章将带领你走进一个动力与能源的世界,为你揭开人类利用电能、水能、风能和太阳能的奥秘。读完本章,相信你会找到一把打开动力与能源世界的钥匙。

diàn lì
电力

diàn shì shì jiè shang zuì yǒu yòng de néng yuán zhī yī tā
电是世界上最有用的能源之一。它
bù jǐn néng gòu chǎn shēng guāng hé rè gěi wǒ men de shēng huó dài lái
不仅能够产生光和热，给我们的生活带来
guāng míng hé wēn nuǎn hái néng gòu tí gōng dòng lì ràng gōng
光明和温暖，还能够提供动力，让工
chǎng li de jī qì yùn zhuǎn qǐ lái
厂里的机器运转起来。

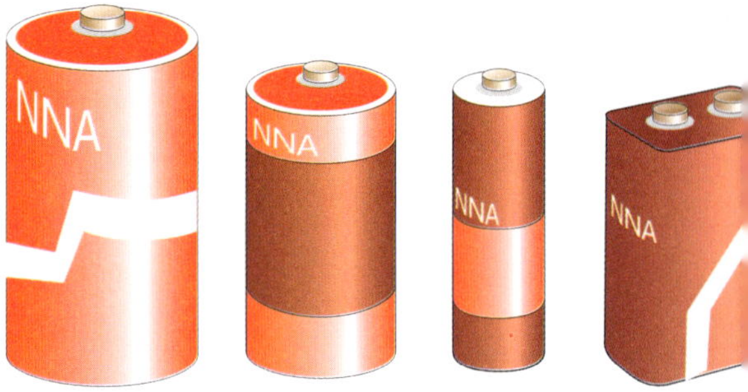

各种型号的电池

在一座水电站里，水从高处落下，产生势能。势能使发电机旋转，然后产生电能。

有了电，录像机就可以播放生动的图像和声音，使我们的生活变得丰富多彩。

电是怎么来的

我们使用的电大部分来自发电厂。在发电厂里，人们先利用水、煤、石油、风等能源产生能量，推动涡轮机高速运转，涡轮机再带动发电机工作，电就由发电机发出来了。

直流电和交流电

发电机产生的电流可分为直流电和交流电两种。如果电流始终朝一个方向流动就是直流电，电话、手机使用的都是直流电。而家庭、学校、工厂里使用的通常是交流电，交流电的方向每时每刻都在变化。

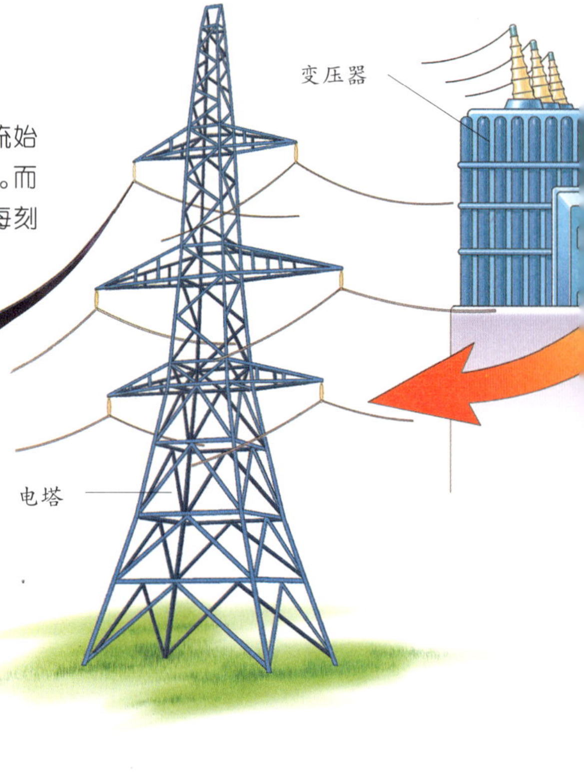

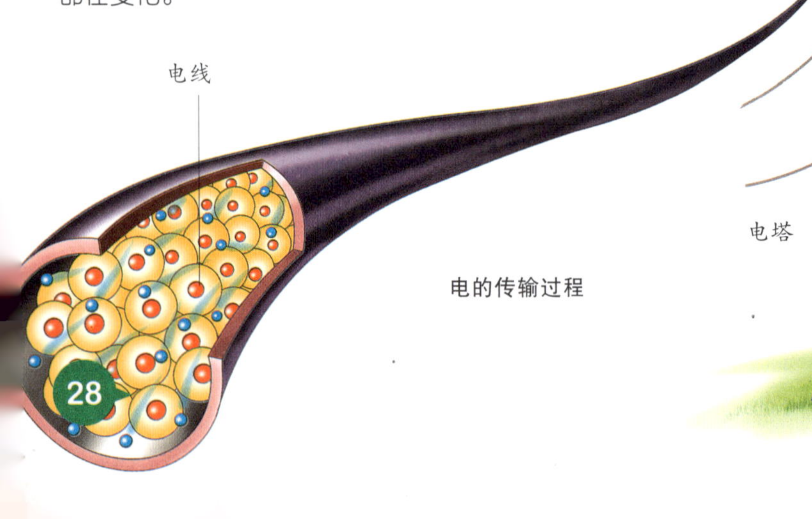

电的传输过程

电的输送

电流可以像水一样自由流动。它从发电厂出来后，通过电塔上的电缆输送到变电站，由这里的变压器把电转换成不同电压的电，再沿着电线流进家庭、学校、工厂等地方，供人们使用。

冰箱可以对我们爱吃的水果、蔬菜、鱼肉等食品进行保鲜。冰箱也是靠电才能工作的。

·奥秘大公开·

安全用电

如果你刚洗过手，千万不要用湿淋淋的手去触摸电线、插座等带电的东西。因为水可以导电，它能让电流快速通过人体。而高压电流会对人造成伤害，甚至夺去生命。

家庭用电

从变电站出来的电通过地下电缆或架在空中的电线输送到千家万户。进入家庭的电流依次经过户外的电表和屋内配电箱里的总断路器，并被分成各个支流，接到不同的电器中。这时，我们只需要轻轻按下电源开关，电视、冰箱、洗衣机等家用电器就会开始工作。

家庭用电大多为 110 伏特或 220 伏特的交流电。

méi shí yóu hé tiān rán qì
煤、石油和天然气

zài yuǎn gǔ shí dài, tài yáng néng jiè zhù zhí wù de guāng
在远古时代，太阳能借助植物的光
hé zuò yòng chǔ cún yú yǒu jī wù zhōng, zhè xiē yǒu jī
合作用储存于有机物中，这些有机
wù néng yuán bèi dòng zhí wù děng lì yòng、fēn jiě。yī
物能源被动植物等利用、分解。一
xiē méi yǒu bèi wán quán fēn jiě de yǒu jī wù liú xià de néng
些没有被完全分解的有机物留下的能
liàng, bèi mái rù dì xià huò hǎi zhōng, chéng wéi méi、shí yóu、tiān
量，被埋入地下或海中，成为煤、石油、天
rán qì děng shí huà néng yuán。
然气等石化能源。

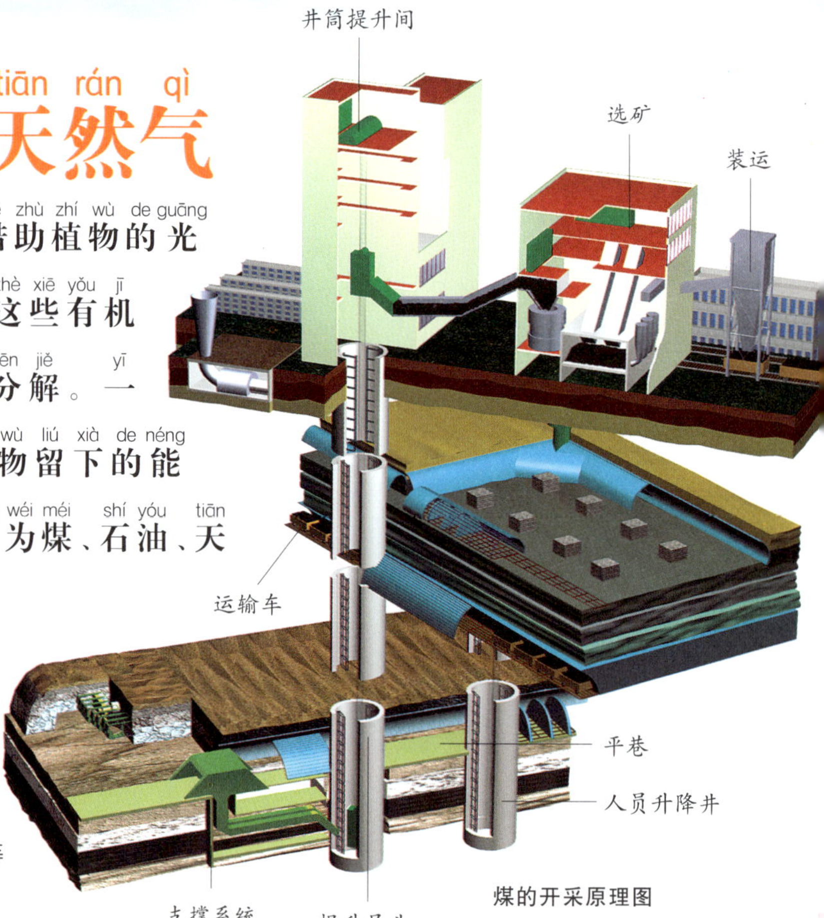

煤的开采原理图

煤的成分

煤是一种可以燃烧的固体有机岩石，主要由碳、氧、氦等几种化学元素组成。此外，煤还含有硫、磷、氟、砷等有害元素和锗、铀、钒等有用元素。

煤的形成过程

深埋地下的煤

在距今约3亿年前，一些植物死后没来得及腐烂就被泥石埋在地底。在上方土石的压力和下方地热的作用下，这些植物慢慢变成化石，并在地壳运动中埋得更深。这时，一种名为“厌氧菌”的细菌把这些植物化石变成了黑色的富碳物质，即煤炭。

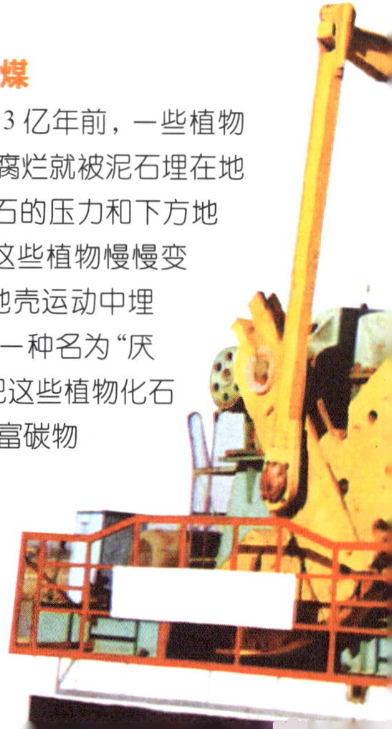

石油和天然气

石油与天然气也是埋在地下的可燃矿物质。它们都是由远古时期的动植物遗体转变而来的，常常一起储存在地壳层。不过，天然气是气体，比较轻，埋在上面；石油是液体，相对要重，埋在下面。石油与天然气含热量高、使用方便、价格低廉，是做饭、取暖的理想燃料。

天然气多由管道输送。

· 奇妙大看台 ·

沼泽地

大约在 3 亿年前，地球上的动植物非常茂盛，林中不仅生长着繁茂的树木，还有大片的沼泽地。浅浅的水道里面长满了各种各样的水生植物。在这种潮湿而温暖的环境里，植物遗体被保存下来，然后开始了漫长的形成煤的过程。

沼泽地

石油工人在海洋深处钻井，开采石油。

大庆油田是中国最大的油田。

即将枯竭的石化能源

煤炭、石油等石化能源的开发，推动了社会的进步。但不久的将来，石化能源将会枯竭。据科学家预测，世界石油储量只可再开采 40 年，天然气可再开采 62 年，煤炭可开采 230 年。

· 奥秘大公开 ·

石树

有一种奇怪的石头，外表几乎与木头一模一样，可是，只要伸手一摸，就会发现它是一块硬梆梆的石头。这就是“硅化木”，又名“石树”，它其实是树木的化石。

风力发电机

shuǐ néng yǔ fēng néng
水能与风能

shuǐ yǔ fēng dōu shì rén lèi jiào zǎo shǐ yòng de zì rán
水与风都是人类较早使用的自然
zī yuán xiàn zài tā men de jù dà néng liàng yǐ jīng bèi yuè
资源，现在，它们的巨大能量已经被越
lái yuè duō de rén rèn shi hé lì yòng zài néng yuán gào jí de shì jì ān
来越多的人认识和利用。在能源告急的21世纪，安
quán qīng jié de shuǐ néng yǔ fēng néng jiāng dé dào guǎng fàn yìng yòng
全、清洁的水能与风能将得到广泛应用。

古老的碾稻水车

洁净的风能

风虽然看不见、摸不着，但我们可以感觉到它的存在，并利用它为我们服务。风的能量非常大，而且十分清洁，它不会像煤炭、石油那样造成许多污染。

风力发电

风力发电就是将风能转变为电能的过程。发电时，风力发电机的大叶片在强风的吹动下会不断旋转，旋转的叶片通过一个传动轴带动变速齿轮加速，再带动发电机发电。

21世纪地中海沿岸的风车

古老的风车

17世纪的箱形风车

18世纪的塔形风车

19世纪的塔形风车

塔形风车内部构造

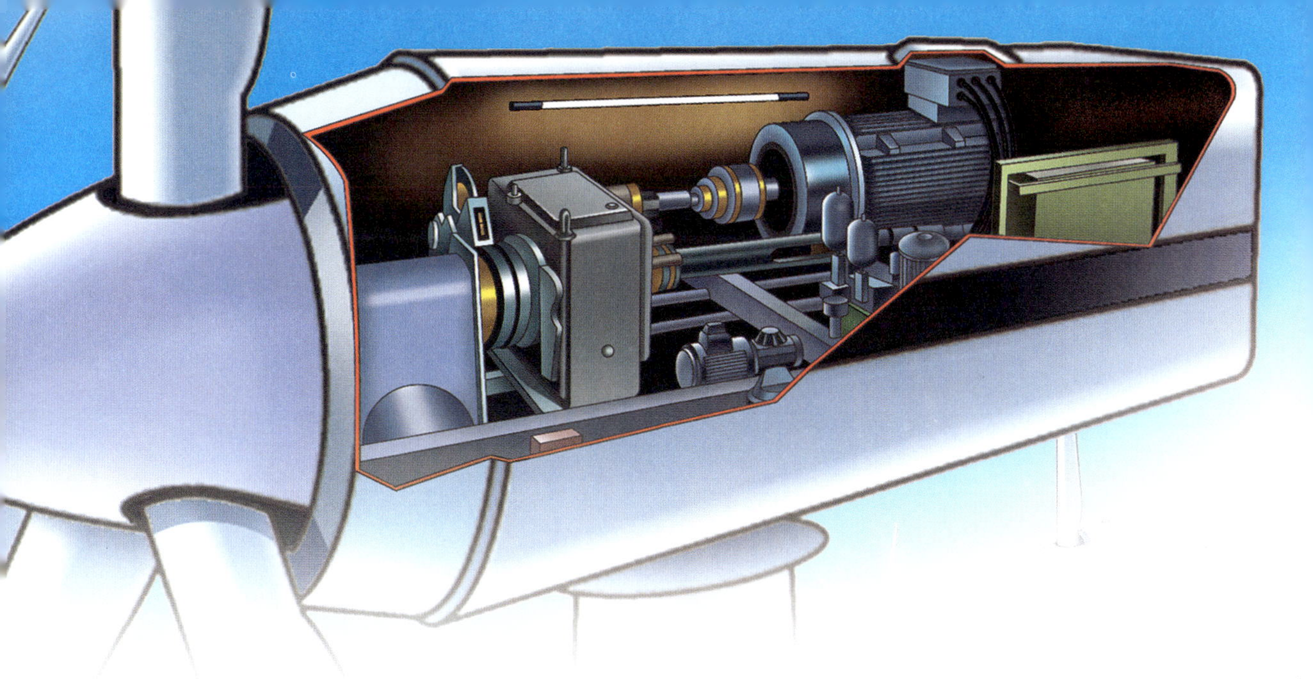

水的巨大能量

我们的生活离不开水，所有的植物与动物也都离不开水。可是你知道吗，水的作用远远不止这些。从古代起，人们就利用流水的动能来带动石磨，将玉米、麦子等磨成粉。现在，人们借助水流所蕴藏的巨大能量来完成汽车制造、发电等工作。

·奥秘大公开·

风车王国——荷兰

荷兰是一个多风的国家，聪明的荷兰人很早就学会了利用风车产生动力，完成灌溉等工作。荷兰的风车常常修建在小河边，最大的有好几层楼房那么高。因为荷兰的风车特别多，人们就称荷兰为“风车王国”。

水力发电站示意图

古时候，人们利用水车的动能来进行灌溉。

水力发电

利用水流所蕴藏的能量生产电能，叫水力发电。人们修建了水电站，然后在水电站的上游筑起拦水大坝，以积蓄水量。水库里大量的积水经过输水管的引导，会以很大的速度冲到发电站水轮机的叶片上，推动水轮机和发电机运转。这样，就能够源源不断地产生电能了。

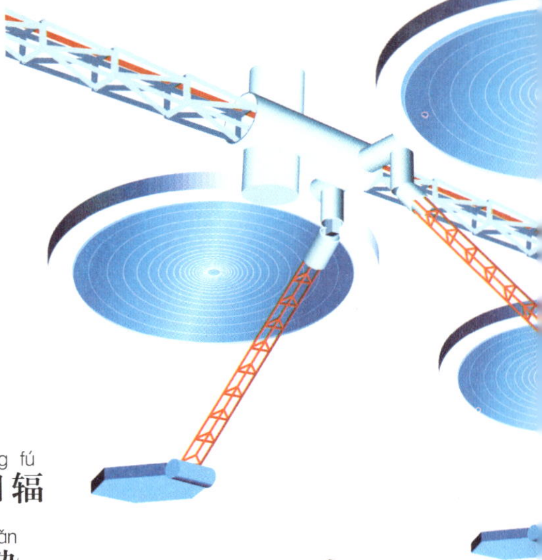

tài yáng néng
太阳能

mù qián wǒ men lì yòng de néng yuán chú hé néng dì rè néng
目前，我们利用的能源除核能、地热能、
cháo xī néng wài dōu shì yóu tài yáng néng zhuǎn huà ér lái de wǒ men
潮汐能外，都是由太阳能转化而来的。我们
tōng cháng suǒ shuō de tài yáng néng shì zhǐ zhí jiē lì yòng tài yáng fú
通常所说的太阳能是指直接利用太阳辐
shè dào dì qiú de néng liàng tā qīng jié wú wū rǎn
射到地球的能量。它清洁、无污染，
shì yī zhǒng lǐ xiǎng de néng yuán
是一种理想的能源。

来自太阳的能量
太阳为地球上的生命提供了取用不尽的能量。

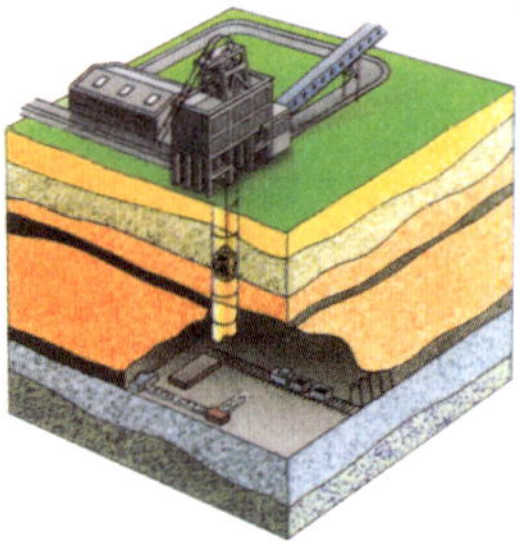

矿物燃料中的能量
千百万年前的生物从太阳中吸收能量，逐渐形成煤。

植物和动物储藏的能量
绿色植物利用太阳能把水和空气中的二氧化碳等变成食物。人类通过进食食物获得能量，而动物又以植物为食，所以我们的能量归根结底来自太阳。

生活所需的能量
我们要从食物中摄入能量。

来自太阳的能量

太阳的能量穿过太空，来到地球，为地球上的生命提供了取用不完的能量。据统计，地球每天接收到的太阳能，相当于全世界一年所消耗的总能量的200倍。因此，人类应该加大太阳能的开发力度。

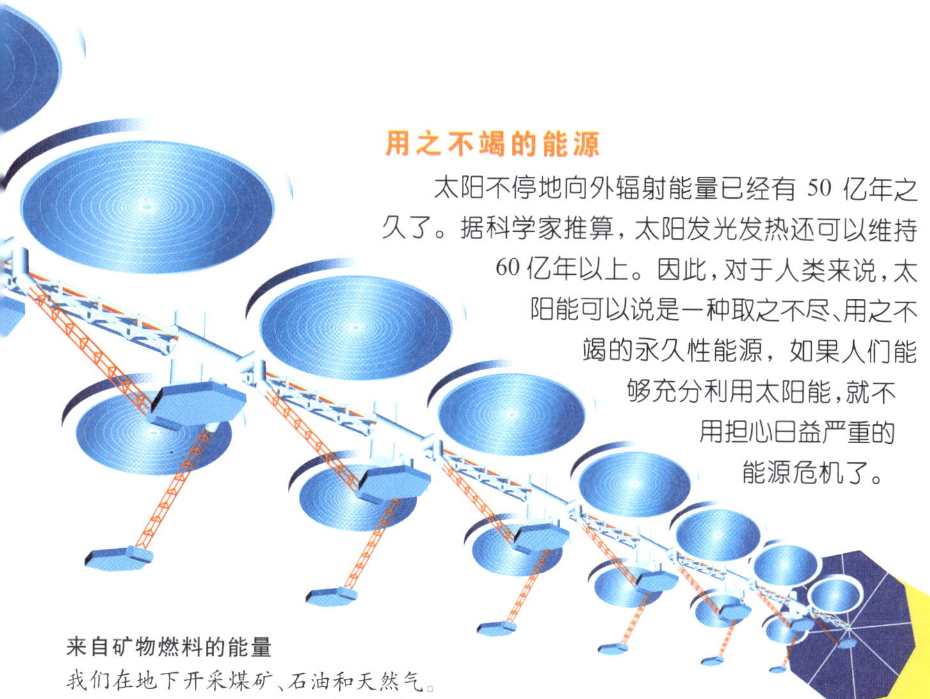

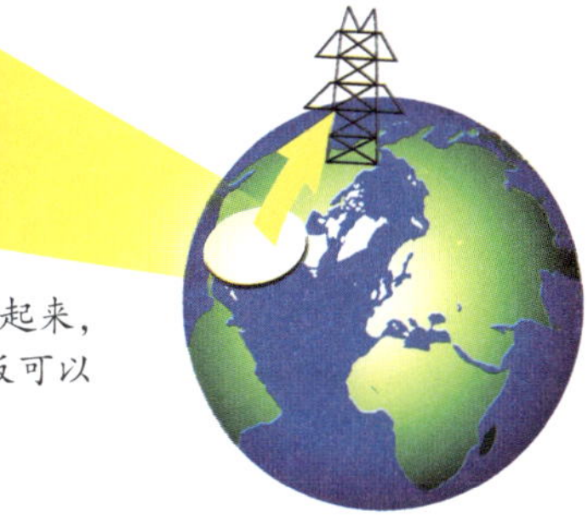

用之不竭的能源

太阳不停地向外辐射能量已经有 50 亿年之久了。据科学家推算，太阳发光发热还可以维持 60 亿年以上。因此，对于人类来说，太阳能可以说是一种取之不尽、用之不竭的永久性能源，如果人们能够充分利用太阳能，就不用担心日益严重的能源危机了。

太阳能发电站

来自矿物燃料的能量

我们在地下开采煤矿、石油和天然气。石油经过提炼，制成汽油、煤油和柴油等，经过燃烧，释放出能量。

人们还可以将多个太阳能电池连接起来，组成太阳能电池板。太阳能电池板可以将太阳能转换成电能。

·奥秘大公开·

暖洋洋的太阳房

大多数太阳房是利用热水或热空气来温暖房间的。这些太阳房内设有很多能吸收太阳热量的环绕管道，使房间变得温暖。

太阳能发电站

1969 年，世界上第一座太阳能发电站建于法国奥黛罗市。它使用一个巨大的向内弯曲的凹面镜，这面镜子能将照射到上面的太阳光集中到一处，使水温增高，产生蒸汽，继而推动汽轮机进行发电。以后，越来越多的国家建起了太阳能发电站。进入 21 世纪以后，如何更有效地利用太阳能，已成为当前新能源开发中的一个重要课题，受到各国的重视。

hǎi yáng néng

海洋能

hǎi yáng shì dì qiú běn shēn suǒ yōng yǒu de zuì dà néng yuán kù
海洋是地球本身所拥有的最大能源库：
bō tāo xiōng yǒng de hǎi làng yī zhǎng yī luò de cháo xī xún huán bù
波涛汹涌的海浪、一涨一落的潮汐，循环不
xī de yáng liú bù tóng shēn dù de shuǐ wēn dōu shì kě yǐ bèi lì yòng
息的洋流，不同深度的水温，都是可以被利用
de jù dà néng liàng
的巨大能量。

除了利用潮汐能与洋流能发电外，还可以利用波力发电。

潮汐发电示意图

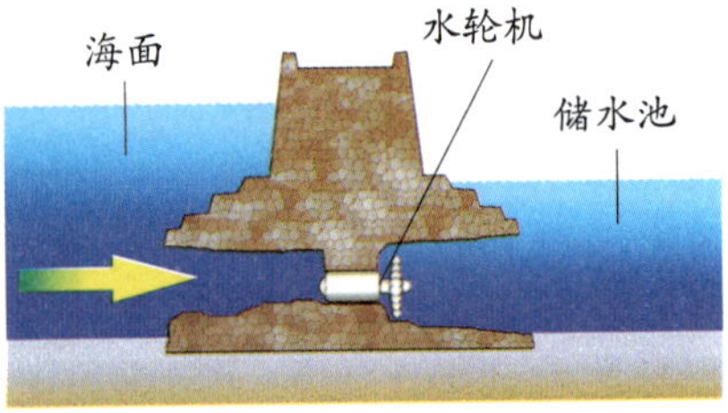

涨潮时，海面水位高，由潮水冲击水轮机运转。

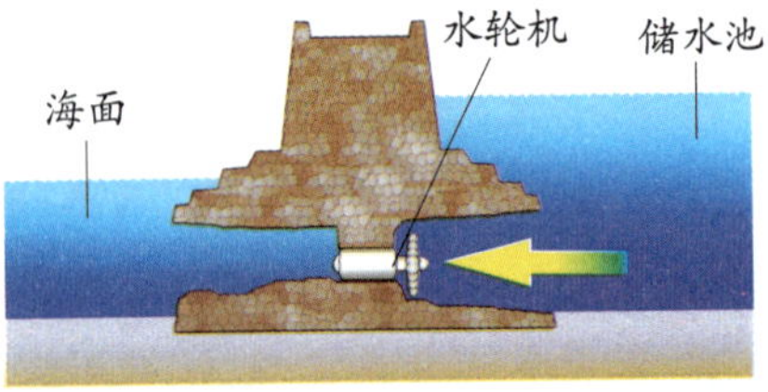

落潮时，储水池的水位高，由储水池中的水冲击水轮机运转。

潮汐能

海水涨潮和退潮时蕴藏着一种叫做潮汐能的巨大能量。据估算，全世界的潮汐能大约有10亿多千瓦。人们现在已经开始开发和利用这些能量为人类自身服务了。例如，在海湾建筑拦水堤坝，安发电装置，就可以利用潮汐的能量发电。

海洋是一个巨大的宝库。

洋流能

海洋中的部分海水以一定的速度，沿着一定的方向流动，所产生的动能叫洋流能。稳定的洋流能可以用来发电，例如著名的墨西哥湾暖流等。利用洋流能发电既不受洪水的威胁，又不受季节的影响，具有很大的优势。

辽阔的海洋中蕴藏着巨大的能量。

3

第三章

常见的材料

材料是用来制造物品的物质，它们可以是天然的，也可以是人造的，还可以是天然与人造混合的。常见的材料有树木等提供的纸张、棉株提供的棉花、牲畜提供的羊毛等。此外，还有用从地下挖掘出来的物质制成的材料，如混凝土、水泥、玻璃和各种金属等。这些材料在各个领域大显身手，为我们的生活带来了极大的便利。

可爱的塑料玩具

sù liào
塑料

sù liào shì yī zhǒng qí tè de cái liào, tā jì bù huì xiàng mù tou nà
塑料是一种奇特的材料，它既不会像木头那
yàng róng yì fǔ làn, yě bù huì xiàng jīn shǔ nà yàng róng yì shēng xiù. yīn cǐ
样容易腐烂，也不会像金属那样容易生锈。因此
wǒ men zhōu wéi de xǔ duō dōng xi dōu shì yòng sù liào zhì chéng de, rú yǔ yī、
我们周围的许多东西都是用塑料制成的，如雨衣、
diàn huà、sù liào píng děng.
电话、塑料瓶等。

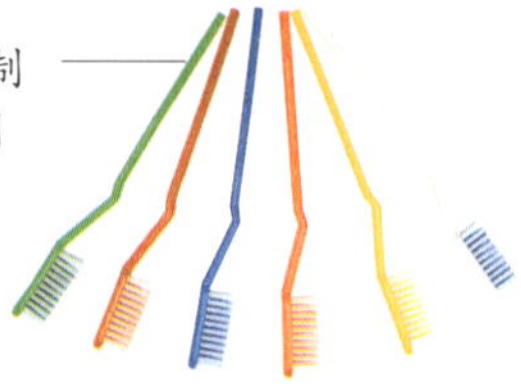

用塑料制成的牙刷

塑料制品

塑料制成的饮料瓶

会变软的塑料

大多数塑料像巧克力那样，一加热就会变软，容易做成各种各样的形状。人们根据塑料的这一特点，制作了洗脸盆、救生圈、自来水管、水桶、塑料袋等塑料制品。

小朋友们游泳时用的救生圈也是用塑料制成的。

塑料的种类

塑料可分为热固性塑料和热塑性塑料两大类。热固性塑料一经加热就会变硬，再加热就不会变软了。我们家中有些炒锅的把手就是用热固性塑料制成的。热塑性塑料则相反，它可以反复加热变软，制成我们需要的形状。

塑料制成的儿童玩具

·奇妙大看台·

天然塑料——琥珀

琥珀是一种半透明的、带有淡淡香味的化石。可是你知道吗？琥珀其实是由植物的树脂经过千万年的地质变化形成的化石，是一种天然的塑料。为了区别于这种天然树脂，人们把通过化学方法合成的塑料叫合成塑料。

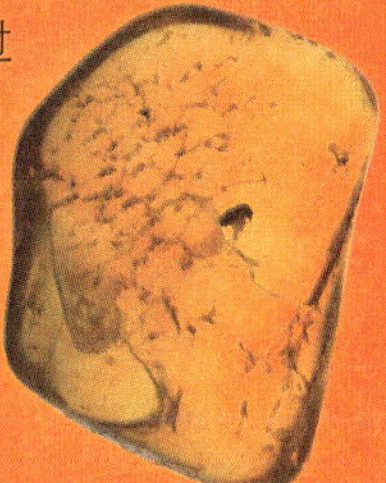

琥珀

绿色塑料

由于塑料制品很难腐烂，容易给地球带来“白色污染”。聪明的科学家就发明了环保塑料来解决这个问题，它包括生物降解塑料、化学降解塑料和光照降解塑料。这些塑料废弃后，能利用微生物、光和氧等的作用进行分解，从而减少污染，保护环境。

装洗手液的塑料瓶是由热塑性塑料制成的。

塑料垃圾

·奥秘大公开·

塑料之王

妈妈用“不粘锅”炒菜时，再也不用担心菜粘到锅底了。因为这种炊具表面涂了一层叫“塑料之王”的材料，变得非常光滑，食物就无法粘在锅上了。

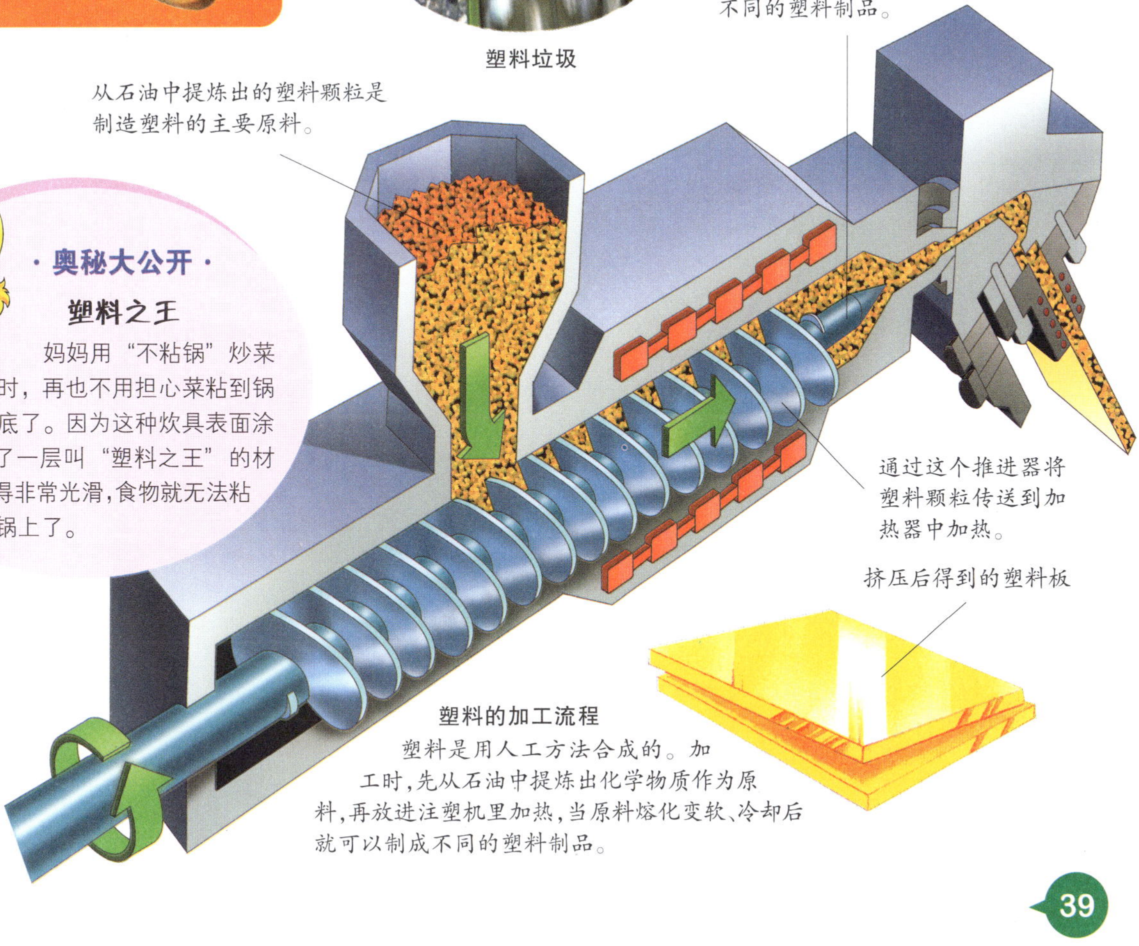

塑料的加工流程

塑料是用人工方法合成的。加工时，先从石油中提炼出化学物质作为原料，再放进注塑机里加热，当原料熔化变软、冷却后就可以制成不同的塑料制品。

古代的盔甲和冷兵器是用金属材料制成的。

jīn shǔ
金属

jīn yín tóng tiě xīn děng dōu shì wǒ men cháng jiàn de jīn shǔ cái liào jīn shǔ biǎo miàn jiān yìng jié shi fù yǒu tè shū de guāng zé dà duō shù jīn shǔ zài jù dà yā lì de jǐ yā xià kě yǐ xiàng miàn tuán yī yàng bèi niē chéng rèn hé xíng zhuàng

金、银、铜、铁、锌等都是我们常见的金属材料。金属表面坚硬、结实，富有特殊的光泽。大多数金属在巨大压力的挤压下，可以像面团一样被捏成任何形状。

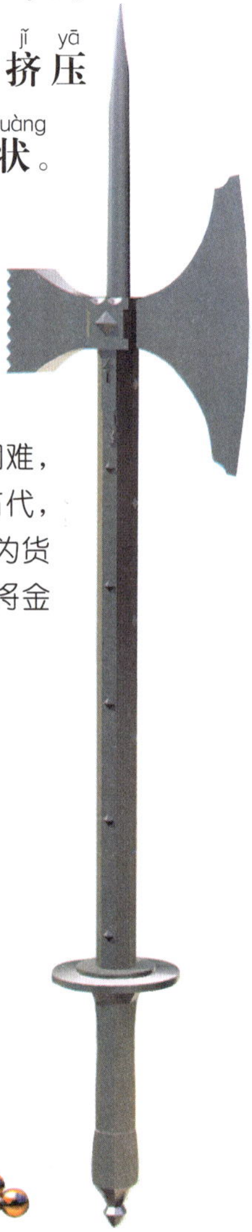

贵重的金和银

金和银在地壳内的含量很少，分布得很散，提炼起来也很困难，因此被称为贵金属。在古代，金和银被铸成金币和银币，作为货币流通。现在仍有许多国家将金银作为财富储备。

陨铁

可提炼金属的矿石

我们厨房里的许多用具都是用不锈钢制成的。

· 奥秘大公开 ·

金属从哪里来

目前人类发现的金属大约有 80 种，它们大部分都可以在地壳中找到，这就是我们所知道的矿石。矿石需要经过提纯和化学处理，才能得到金属。

白铁皮的"外衣"——锌

小朋友，你发现了吗？我们常用来提水的小铁桶的表面有着冰花一样的东西，这就是锌的结晶体。它对铁皮起着一种保护作用。锌是银白色的金属，用途广泛，除了用来保护白铁皮外，还常用于制造干电池的外壳。

金属锌的提炼流程

因为锌的熔点与沸点都比较低，所以提炼起来比较容易。

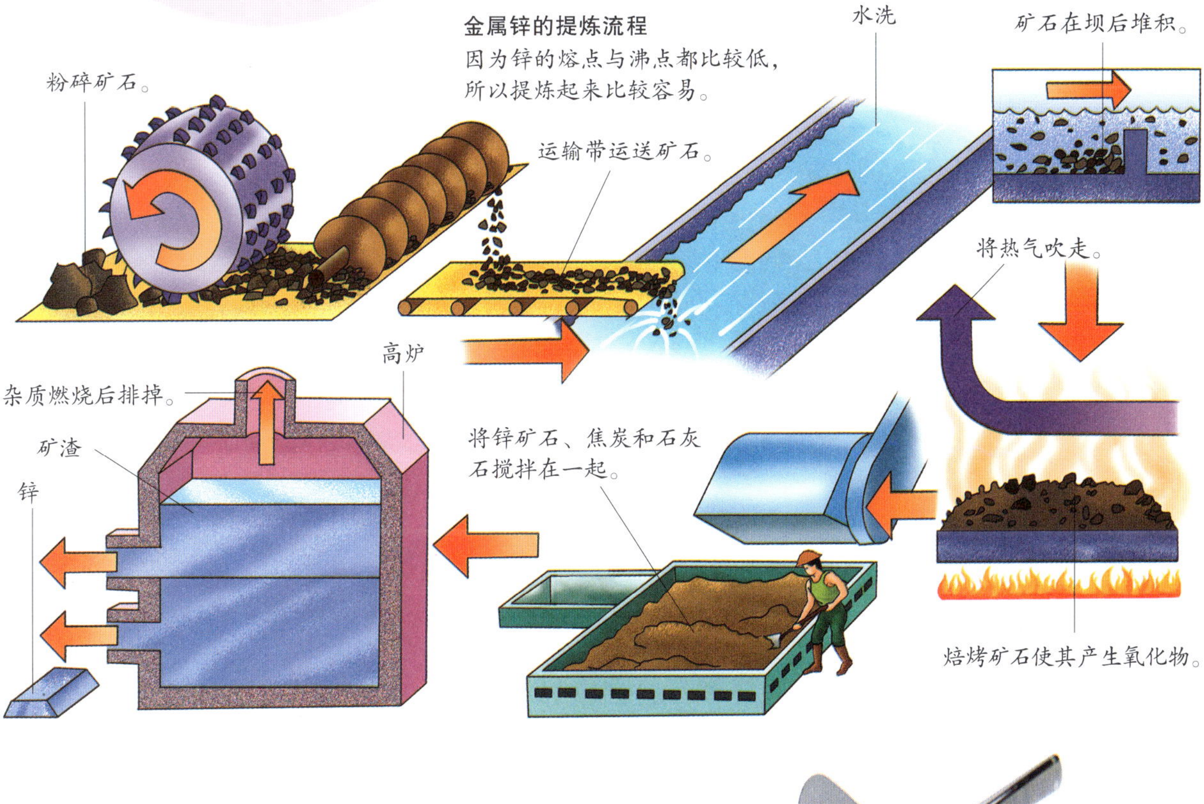

坚硬的钢与铁

铁是人类最早认识和使用的金属之一。大约在三千多年前，人类社会就进入了铁器时代。后来人们发现纯铁皮较软，不适合制造器具，就在炼铁的过程中加入少量的碳炼成钢，这样炼出的钢比铁坚硬得多。

由铁、铬和镍等金属制成的不锈钢餐具。

xiān wéi
纤维

yī nián sì jì rén men shēn shang chuān de yī fu zǒng shì bù tíng de biàn
一年四季，人们身上穿的衣服总是不停地变
huàn cóng báo báo de duǎn xiù dào hòu hòu de yǔ róng fú cóng róu ruǎn de sī
换，从薄薄的短袖，到厚厚的羽绒服；从柔软的丝
chóu dào chún mián de xù kě wèi wǔ huā bā mén zhè xiē yī fu dōu shì yóu
绸，到纯棉的T恤，可谓五花八门。这些衣服都是由
xiān wéi fǎng zhī ér chéng de xiān wéi kě fēn wéi tiān rán xiān wéi hé hé chéng xiān wéi liǎng dà lèi
纤维纺织而成的。纤维可分为天然纤维和合成纤维两大类。

蚕吐丝后，为自己织成一个茧并在其中变成蛾。缫丝工人要在茧还没形成前先采集成丝。

天然纤维

根据来源的不同，天然纤维又可分成植物纤维、动物纤维和矿物纤维三种。如棉、麻等来自植物的纤维就叫植物纤维。动物纤维则主要来自动物的皮毛，如羊毛、兔毛、羽绒、蚕丝、兽皮等。矿物纤维主要是指石棉。

合成纤维

人们从春蚕吐丝的现象中受到启发，用纤维素和蛋白质等做原料，经化学加工，再经纺丝和后处理等工序，制成了合成纤维。常见的合成纤维有尼龙、涤纶、腈纶和聚酯等。

尼龙

尼龙是最先发明的合成纤维。它柔韧性强、弹力好，耐磨损，甚至比棉和毛都要结实耐用。尼龙纤维的出现给人们的生活带来许多便利，人们用它制造各种各样的生活用品，如尼龙绳、尼龙袋和尼龙袜等。

小朋友穿上由纤维纺织成的漂亮衣服，显得非常可爱。

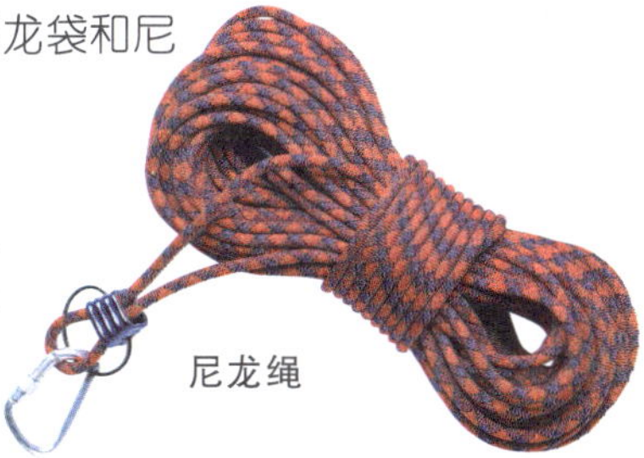

尼龙绳

· 奇妙大看台 ·

尼龙丝袜

1940 年，美国杜邦公司公开销售其研制的尼龙丝袜时，引起了轰动。人们将尼龙袜视为珍奇之物争相购买。尼龙纤维的出现引起了袜业的革命。

尼龙袜首次公开销售时的情形

各式各样的童装

腈纶

腈纶是美国杜邦公司于 20 世纪 40 年代研制成功的。腈纶的外观呈白色、卷曲、蓬松，手感非常柔软，酷似羊毛，并具有良好的防霉防蛀性能。人们常把腈纶当成羊毛的替代品，因而又称其为“人造羊毛”。

涤纶也是一种合成纤维，人们穿的衬衣大多是用涤纶制成的。

· 奥秘大公开 ·

能溶解在水中的纤维

你知道吗？有一种衣服会被水溶解掉。因为它含有一种水溶性纤维，这种纤维由聚乙烯醇高分子化合物组成，能够溶解在水中。所以用这种纤维做的衣服不能用水洗。

jiàn zhù cái liào
建筑材料

fáng wū hé wǒ men de shēng huó xī xī xiāng guān tā wèi wǒ men zhē fēng dǎng yǔ
房屋和我们的生活息息相关，它为我们遮风挡雨，
yíng zào yī zhǒng jiā de fēn wéi dàn shì nǐ zhī dào ma jiàn zào fáng wū lí bù
营造一种“家”的氛围。但是你知道吗，建造房屋离不
kāi jiàn zhù cái liào zuì zǎo de jiàn zhù cái liào shì shí kuài mù tou zhè yàng de
开建筑材料。最早的建筑材料是石块、木头这样的
tiān rán cái liào xiàn zài rén men cháng yòng de jiàn zhù cái liào yǒu shuǐ ní hùn
天然材料。现在人们常用的建筑材料有水泥、混
níng tǔ gāng cái děng
凝土、钢材等。

摩天大楼

澳大利亚的悉尼歌剧院是用混凝土建造的。

混凝土

将石灰、沙、石头等混合在一起，经过高温加工，可制成混凝土。混凝土抗压强度高，常用来建造摩天大楼。为了提高混凝土的强度，还可以在制作时加入钢筋等材料。

水泥

水泥是一种粉状物质，将它与适量的水和沙混合在一起时，便会形成泥浆，即灰浆。假如将这种灰浆抹在两块砖之间，等它干燥后，两块砖就会牢牢地粘在一起。因此，水泥常用来建造房子。

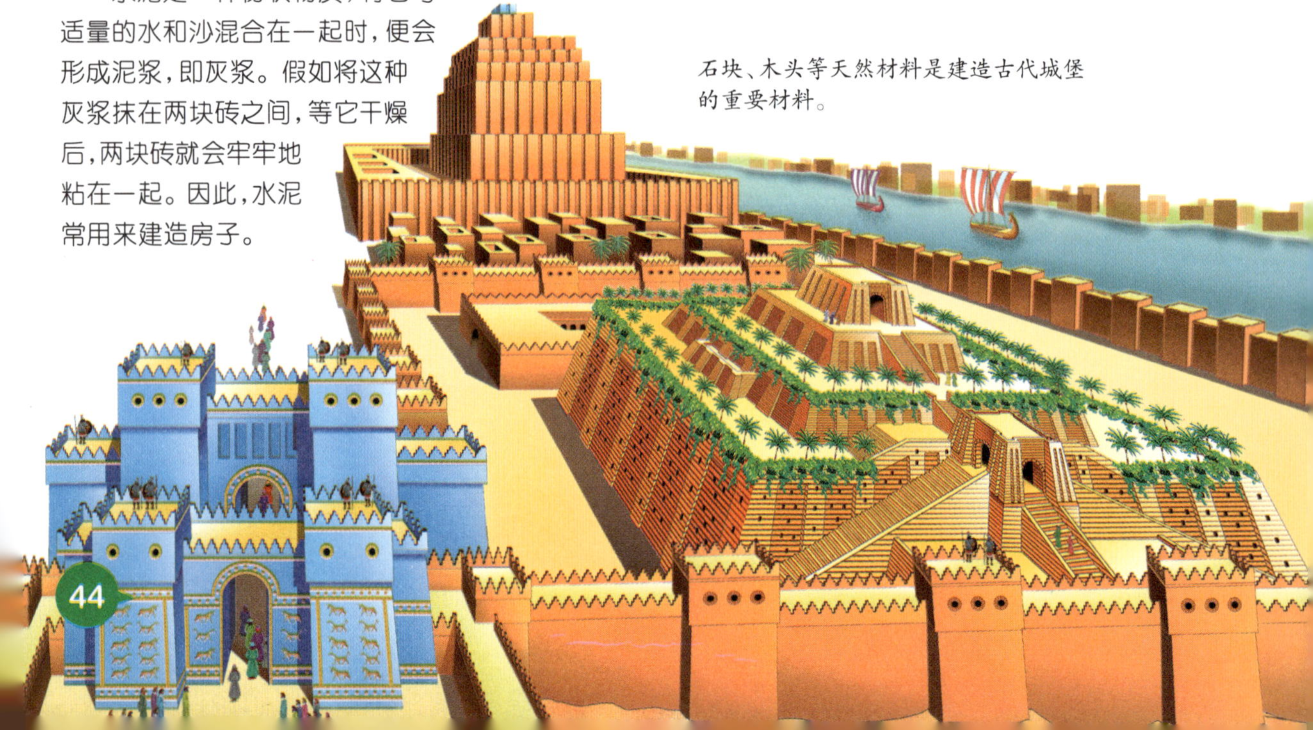

石块、木头等天然材料是建造古代城堡的重要材料。

4

第四章 技术与发明

你想过吗？如果没有电话、电视或电脑，如果没有照相机、摄像机和因特网，我们今天的生活会是什么样子？本章将向你介绍人类历史上一些先进的技术与重大的发明。这些技术与发明都是科学家们辛勤劳动的结晶，它们曾经成功地改造了这个世界，满足了人类生活的基本需求，因而有着举足轻重的作用。

zhào xiàng jī yǔ shè xiàng jī

照相机与摄像机

shēng huó zhōng yǒu hěn duō měi hǎo de shí kè bǐ rú
生活中有很多美好的时刻，比如，
yī duàn qīn mì wú jiàn de yǒu qíng yī cì shēn xīn yú kuài de
一段亲密无间的友情，一次身心愉快的
lǚ xíng rén men xī wàng néng bǎ tā men yǒng jiǔ jì lù xià
旅行……人们希望能把它们永久记录下
lái zhào xiàng jī yǔ shè xiàng jī děng zhào xiàng qì cái de fā míng shǐ
来。照相机与摄像机等照相器材的发明，使
zhè xiē yuàn wàng biàn chéng le xiàn shí
这些愿望变成了现实。

新型数码照相机

照相机的结构

简单的照相机看起来像一只不透光的暗箱，一端放底片，另一端是一个小孔，即光圈。光圈前面的快门可以捕捉光线，而底片可以记录要拍摄的影像。大多数照相机都可以改变光圈的大小和速度，镜头也能够伸出或缩进。

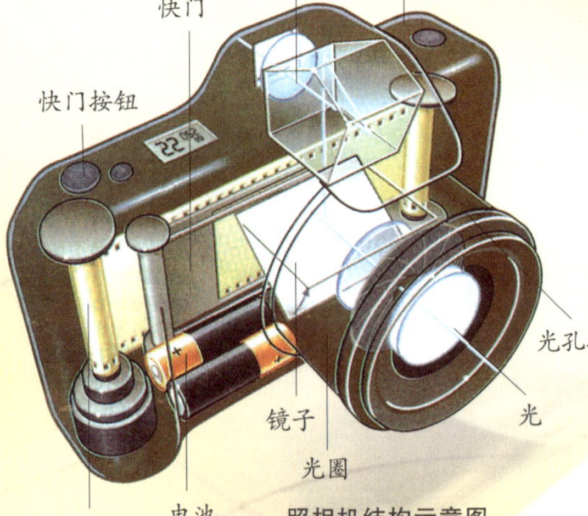

照相机结构示意图

胶卷有黑白和彩色之分，用彩色胶卷拍摄的照片色彩鲜艳、自然。

记录图像的胶卷

拍照片时，景物的光线从镜头进入照相机内，并照在感光胶卷上，光线使涂在胶卷上的化学物质发生反应，在胶卷上形成图像。当用特定的化学物质来显影胶片时，图像就变得清晰可见了。

摄像机

·奥秘大公开·

世界上第一张照片

1826年，法国发明家约瑟夫·尼埃普斯拍摄了世界上第一张照片，他用一架针孔照相机把窗外的景色拍摄在另一端的金属片上。随后，他花了8个小时才冲洗出这张照片。

新式的数码照相机

不用胶卷的相机

使用普通相机时，常担心胶卷会用完，有没有不用胶卷的相机呢？有，它就是数码相机。数码相机用电子影像感测器来感光，能直接把物体反射的光线转化为数码信号，并再做进一步处理和储存。因此，数码相机不用底片储存，而是使用快闪储存卡储存影像。

摄像机可以将美好的瞬间永久地珍藏，因而人们对摄影有着浓厚的兴趣。

摄像机

照相机虽然能留住美好的瞬间，但是它无法表现连续性动作和声音等变化，摄像机的发明恰恰弥补了这个缺憾。当我们拍摄一个物体时，此物体上反射的光被摄像机镜头收集，聚集在摄像机的受光面上，再经过各种电路进行处理和调整，物体的真实情况就被记录下来了。

diàn huà
电话

nǐ zhǐ yào zài diàn huà jiàn pán shang bō xià yī zǔ shù zì jiù kě yǐ hé shì jiè gè dì de rén hù xiāng tōng huà le diàn huà shì rén lèi de yī ge liǎo bù qǐ de fā míng tā jiāng rén yǔ rén zhī jiān de jù lí lā de hěn jìn hěn jìn
你只要在电话键盘上拨下一组数字，就可以和世界各地的人互相通话了。电话是人类的一个了不起的发明，它将人与人之间的距离拉得很近很近。

老式电话的听筒与话筒是分离的。

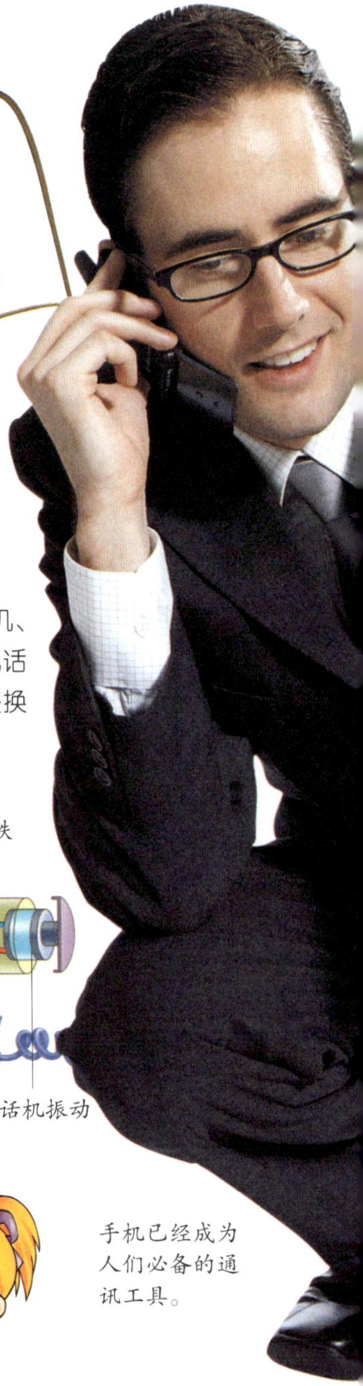
手机已经成为人们必备的通讯工具。

电话是美国人贝尔于1876年发明的。图为正在进行电话实验的贝尔。

电话是怎样工作的

电话是通过电话网来工作的。这个网由电话机、电话线和交换机组成。当我们对着话筒说话时，电话机会将声音转换为电子信号，并传达到电话局的交换机上。交换机再将这些信号输送到和我们通话的电话机上，由那部电话机把电子信号还原成声音。

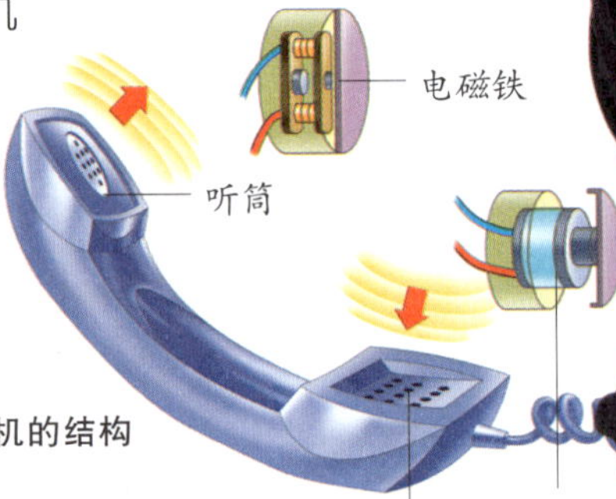

电话机的结构

·奥秘大公开·

电话为什么会占线

拨打电话为什么会占线呢？因为每个有线电话机都需要有一对电话线传送声音。可是，电话线可以通过的信号是有限的，当通过电话线的信号太多时，就会产生电话占线现象。

移动电话

移动电话小巧玲珑，可以随身携带。有了它，你就能实现随时随地通信的愿望。移动电话和有线电话不同，它的声音信号是通过无线电波传送的，只要有无线电覆盖的地方，就能够顺利通话。

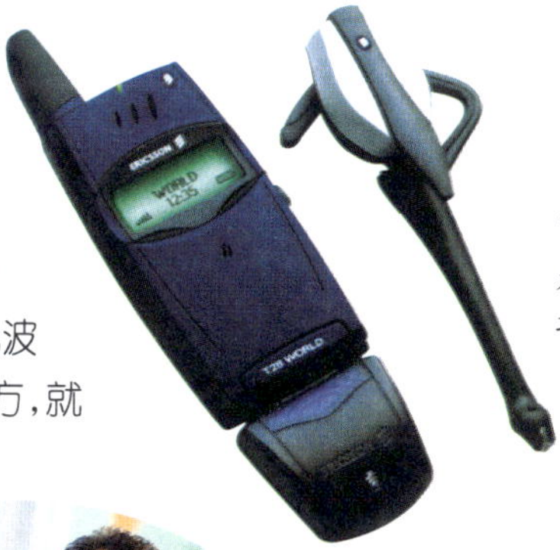

"蓝牙"是一种崭新的短距离无线通信技术，图为带"蓝牙"功能的手机和耳机。

电话已经成了人们必备的办公用品。

可视电话

可视电话非常神奇，使用它时不但可以听到对方的声音，还能够看到对方的模样。可视电话也是用电话线进行信息传递的，只不过它将声音信号与图像信号合并在一起传输出去，并通过电话两端的摄像管扫描、还原，这样，我们就能看到对方了。

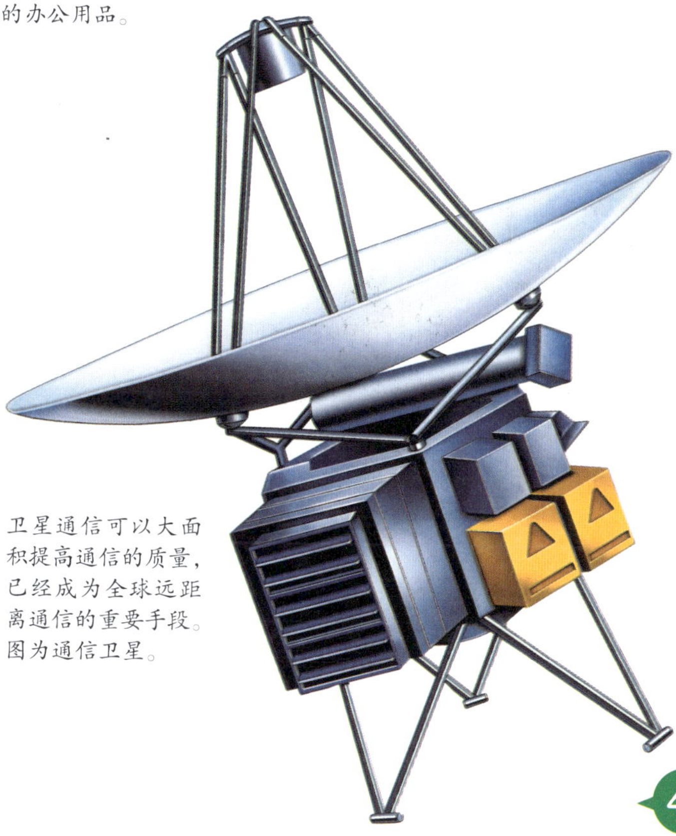

卫星通信可以大面积提高通信的质量，已经成为全球远距离通信的重要手段。图为通信卫星。

·奇妙大看台·

电话号码的奥秘

我们每个人都有属于自己的名字，电话也有名字，这就是电话号码。电话号码是由电话局统一编的号码。固定电话号码一般为7~9位数字，手机号码通常是11位数。

一个城市的电话号码一般是不会重复的。

diàn yǐng
电影

jī dòng rén xīn de shī zi wáng huó po kě ài de mǐ lǎo
激动人心的《狮子王》、活泼可爱的《米老
shǔ jīng xiǎn cì jī de guài wù gōng sī zhè xiē jīng diǎn de
鼠》、惊险刺激的《怪物公司》……这些经典的
diàn yǐng gěi wǒ men de shēng huó dài lái le wú qióng de lè qù diàn yǐng
电影给我们的生活带来了无穷的乐趣。电影
shì jì lù huó dòng yǐng xiàng de jì shù chǎn pǐn tā de xīng qǐ
是记录活动影像的技术产品，它的兴起
yǔ zhào xiàng jī de fā míng xī xī xiāng guān
与照相机的发明息息相关。

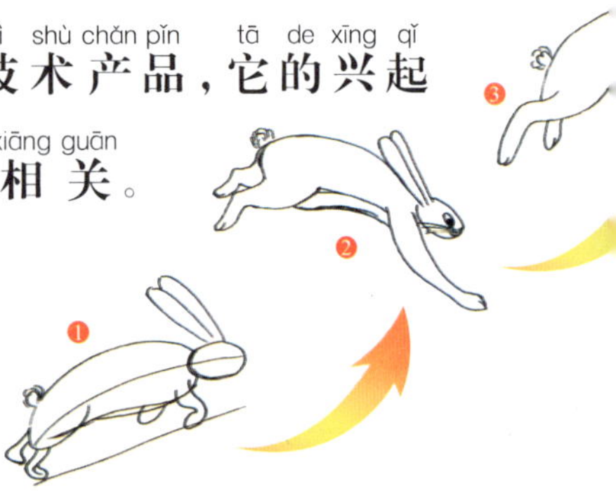

电影摄影

电影摄影机可以把人或物的影像连续记录在电影胶片上。电影摄影机与照相机一样，由镜头、光圈和快门等部件组成。但摄影机上的胶片移动和快门的动作必须比照相机更精准，使每幅图像间隔的时间相同，以便得到正确的曝光。

动画是一系列静止画面的连续放映，它利用“视觉残留”原理，把一个运动的形象分解成若干形象，让它们以至少每秒24个形象的速度从眼前通过。

动画片是小朋友们最爱看的。

1895年，爱迪生发明了第一台电影放映机，它所放出的影像只能通过一个小孔来窥视。

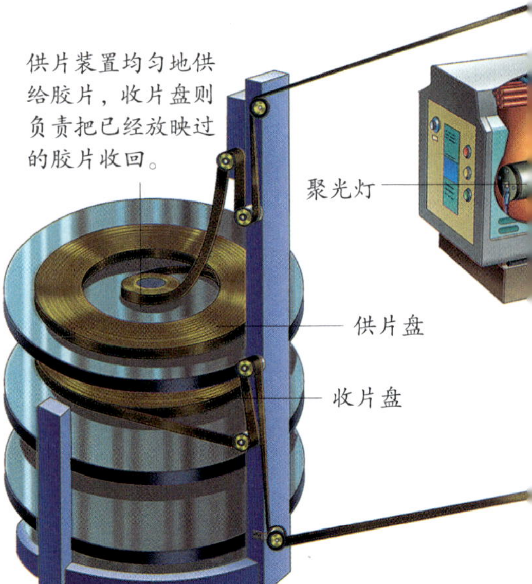

供片装置均匀地供给胶片，收片盘则负责把已经放映过的胶片收回。

电影的剪辑

电影的拍摄工作完成后，还需要由剪辑师将拍摄的大量素材进行剪辑、修改或者删除不好的图片，把好的图片挑出来进行组接，最终编成一部连贯、流畅、有感染力的电影作品。经过剪辑后的影片就可以进行放映了。

电影的放映

电影胶片经过冲洗后，安放到放映机上，放映机就将这些静止图片以每秒 24 幅的速度投影到屏幕上，屏幕前的人就会看到活动的画面。同时，放映机还会将拍摄时录下的声音信息转换为变化的电流，进行放大，再从扬声器里传出去。于是，我们就听到了电影上的人说话的声音。

· 奥秘大公开 ·

能闻到香味的电影

1959 年，西班牙人拍摄了一部叫《奇怪的香味》的电影，观看时，人们可以闻到包括香水味在内的 40 种不同香味呢。但是这种电影的技术十分复杂，花费的成本也非常高，所以没有得到推广。

电影放映机

diàn shì
电视

diàn shì shì dāng jīn shì jiè shang zuì zhòng yào de fā míng zhī yī
电视是当今世界上最重要的发明之一，
tā jiāng rén men dài jìn yí ge wǔ guāng shí sè de shì jiè yǒu
它将人们带进一个五光十色的世界。有
le diàn shì wǒ men zú bù chū hù jiù kě
了电视，我们足不出户就可
yǐ liǎo jiě tiān xià dà shì xīn shǎng shì jiè
以了解天下大事，欣赏世界
gè dì de yì shù
各地的艺术。

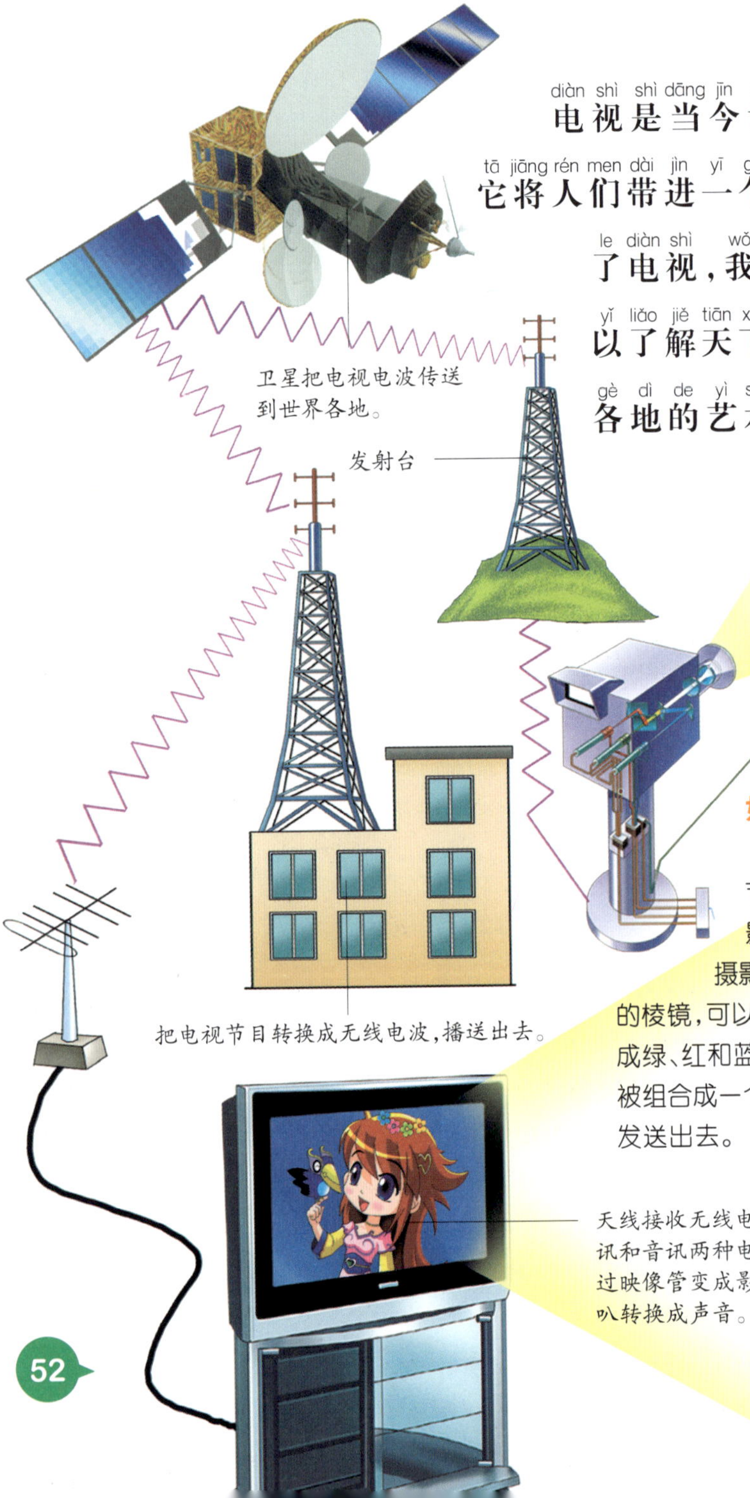

电视信号的传播过程

如何制作电视节目

我们每天看的电视节目都是由彩色电视摄影机录制的。彩色电视摄影机内有一种叫“分光镜”的棱镜，可以将进入棱镜的光线分成绿、红和蓝三种颜色。这些颜色被组合成一个信号，通过电视台发送出去。

·奥秘大公开·

双画面电视

假如你家里只有一台电视机，爸爸想看足球，而你想看动画片，怎么办呢？双画面电视机就可以解决这个问题。这种电视机有一大一小两个画面，可以同时收看两个节目。

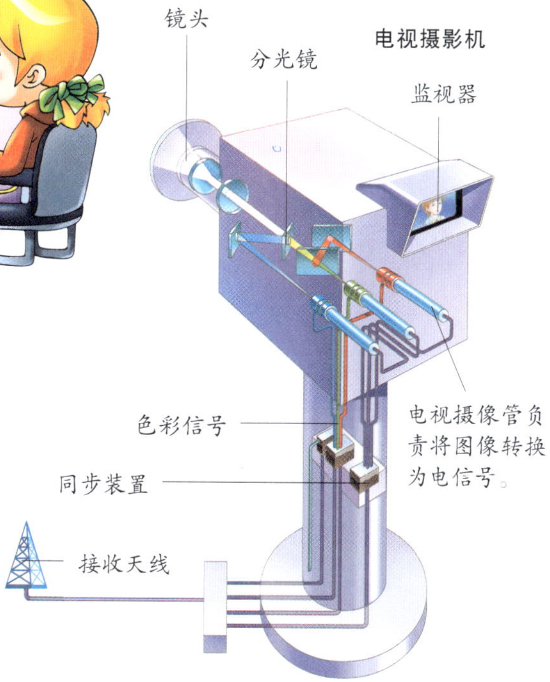

电视信号的传播

电视信号通过不同的方式进行传播。通常，发射台可直接用无线电波向用户发送信号；另一种方法是将电视信号发给电视卫星，经过放大后传播出去，再由各个家庭的天线接收信号；还有一些电视信号先由地面接收站接收，再通过电缆转播，这就是有线电视。

精彩的电视图像

精彩的电视图像

从电视台发出的无线电波被电视天线接收后，再由电视机里的调谐器将这些无线电波转变成信号，再通过电路加以放大。然后由电子枪变成电子束射到荧光屏的背面。电子碰到荧光屏就产生了亮点，形成了我们看到的电视图像。

diàn nǎo
电脑

diàn nǎo de zhèng shì míng zi jiào jì suàn jī wèi shén me jiào tā diàn
电脑的正式名字叫计算机，为什么叫它电
nǎo ne yīn wèi tā jiù xiàng wǒ men rén lèi de dà nǎo yī yàng cōng ming
脑呢？因为它就像我们人类的大脑一样聪明，
bú dàn néng jìn xíng fù zá de jì suàn néng jì zhù fēng fù de zhī shi
不但能进行复杂的计算，能记住丰富的知识，
hái néng hé wǒ men wán jīng
还能和我们玩精
cǎi de yóu xì ne
彩的游戏呢。

我们可以用电脑来玩各种各样的游戏。

常见的台式电脑

软件和硬件

硬件和软件是电脑最重要的组成部分。硬件就是我们用眼睛能看见的部分，包括中央处理器（CPU）、存储设备、输入和输出设备。软件则是程序和文档的总称，主要负责指挥硬件工作。当硬件和软件互相配合时，电脑才能发挥它最大的作用。

电脑的“心脏”

跟人类一样，电脑也有自己的“心脏”，这就是中央处理器，即我们通常所说的 CPU。它由运算器和控制器组成，能够进行快速运算，还能识别和执行计算命令，使计算机自动进行工作。另外，CPU 还具有记忆、指挥等功能。

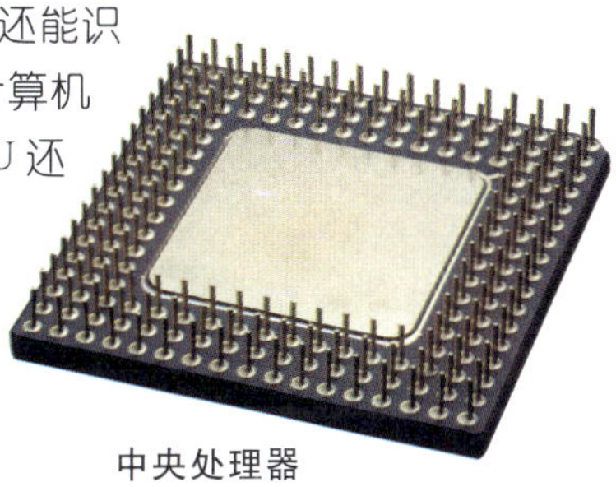

中央处理器

·奥秘大公开·

电脑病毒

要知道，电脑也会中毒。一些爱搞破坏的人能够设计出一种特殊程序——电脑病毒。它运行时会破坏电脑的数据库，严重时可导致整个电脑系统瘫痪，而且它还具有传染性。

电脑已成为不可或缺的办公用品。

能干的电脑

电脑可能干啦！它不但在学校、银行、交通各个领域大显身手，而且可以用来玩游戏、画图画、查询天气、发送电子邮件、操纵实验设备、驾驶飞机……总之，电脑能够做的事情实在是太多了，它是现代生活、工作中不可或缺的帮手。

数字化地球的形成得益于计算机的发展。

yīn tè wǎng
因特网

xiàn dài xìn xī jì shù fēi cháng fā dá wǒ men bù bì qīn
现代信息技术非常发达。我们不必亲
zì qù shāng chǎng zhǐ yào zài jiā zhōng shàng wǎng jiù kě yǐ
自去商场，只要在家中上网，就可以
mǎi dào zì jǐ xǐ huan de wù pǐn zhè ge wǎng jiù shì
买到自己喜欢的物品。这个“网”就是
yīn tè wǎng yòu jiào hù lián wǎng
因特网，又叫互联网。

互联网已经成为世界上最大的“超级购物市场”了。

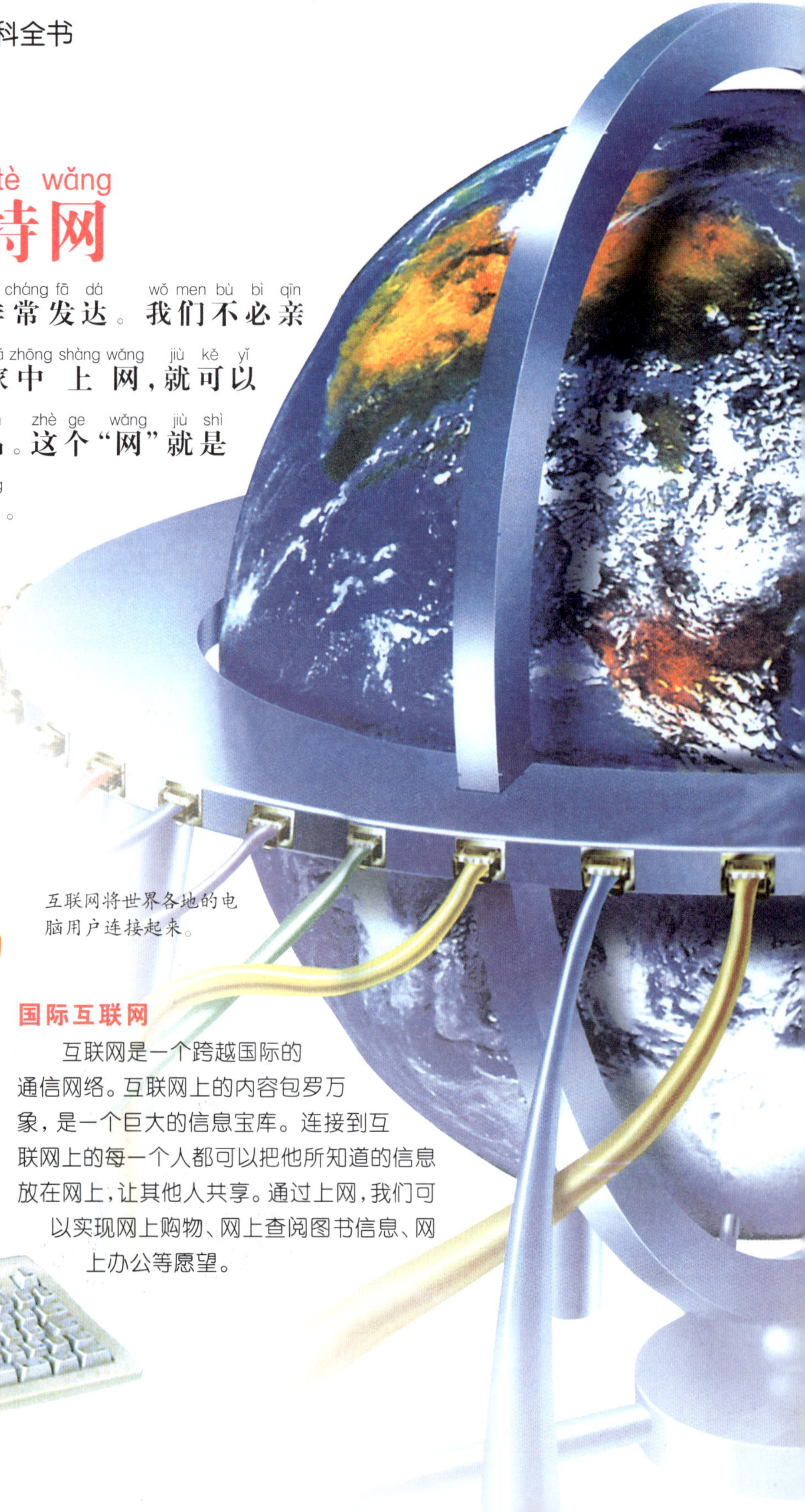

互联网将世界各地的电脑用户连接起来。

国际互联网

互联网是一个跨越国际的通信网络。互联网上的内容包罗万象，是一个巨大的信息宝库。连接到互联网上的每一个人都可以把他所知道的信息放在网上，让其他人共享。通过上网，我们可以实现网上购物、网上查阅图书信息、网上办公等愿望。

宽带

将个人的电脑连接到互联网上叫上网。我们可以通过拨号上网，也可以通过宽带上网。宽带上网的速度非常快，是普通拨号上网的30倍。ADSL是目前向公众开放的最常用的宽带接入方案。

光纤是计算机连网中速度最快的光缆，它能迅速传送数字信息。

·奥秘大公开·

电脑黑客

黑客是专门利用网络来干坏事的人。他们能够熟练操作电脑，并具备破译密码的本领，经常用高科技手段非法进入别人的计算机系统窃取信息。

主页

电子邮件的发送过程

电子邮件是网络用户之间传递信息的一种新型方式。它方便、快捷，还可以在邮件中附加图像、音乐等内容。

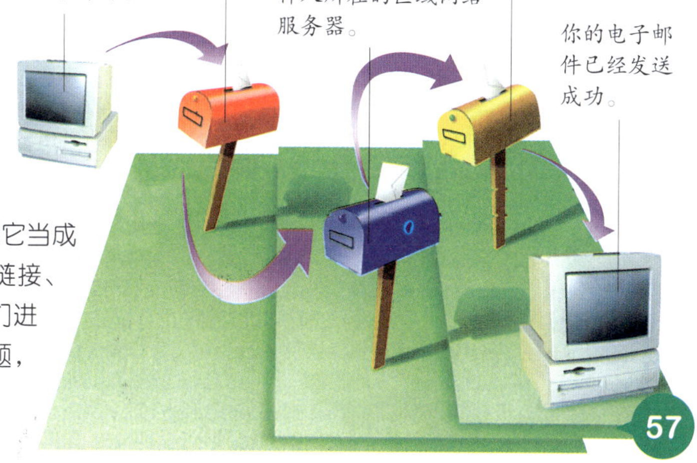

主页

主页是一个网站的门面，各个网站都把它当成宣传自己的工具。主页上面有包括图片、链接、音乐、程序等各种元素在内的信息。当我们进入一个主页后，只要用鼠标点击喜欢的标题，就可以浏览到全部的内容了。

jī qì rén
机器人

jī qì rén shì rén lèi fā míng de zuì fù zá de
机器人是人类发明的最复杂的
zì dòng huà jī qì zhī yī tā néng gòu bāng zhù rén men
自动化机器之一，它能够帮助人们
zuò hěn duō shì qing jī qì rén gàn qǐ huó lái yòu kuài
做很多事情。机器人干起活来又快
yòu zhǔn ér qiě tā bù pà zāng bù pà lèi yīn cǐ yìng
又准，而且它不怕脏不怕累，因此应
yòng hěn guǎng fàn
用很广泛。

有些机器人看起来就像真的人一样。这样的机器人叫人形自动机。

机器人的样子

一说到机器人，你可能会想到电视中那种跟人一样有鼻子、眼睛的机器。其实，现代机器人还没有达到这种逼真程度，它们不仅没有鼻子、眼睛，甚至也没有胳膊和腿。它们有的像机器，有的像怪物；有的脑袋又尖又长，有的三头六臂。真是千奇百怪。

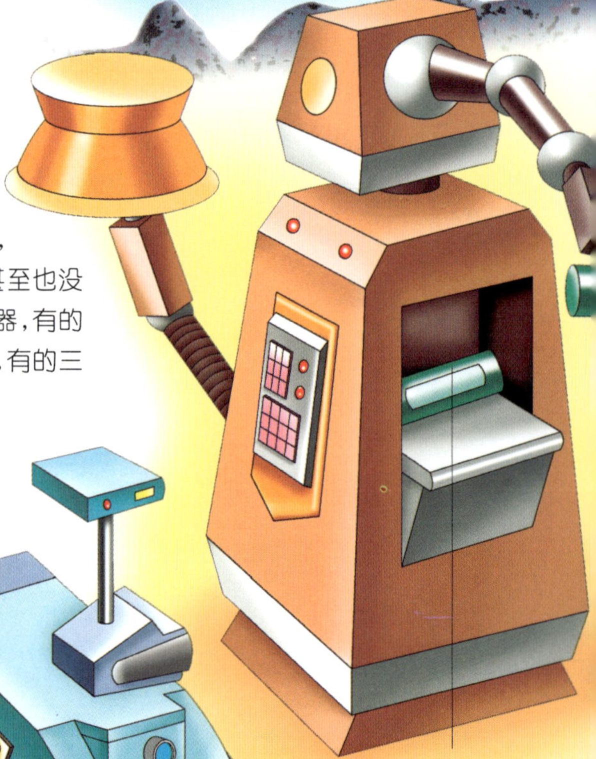

形形色色的机器人

机器人的手

机器人刚造出来的时候，只有一只手臂，称为“机器手”。机器手是个相当重要而又复杂的部位。大多数机器人的手臂都像人的手臂一样，由手、手腕、肘关节和肩部组成，能够进行弯曲和翻转，还能够夹住东西。

手腕可以上下或左右弯曲。
手指可以拿起物体。
机器人的手臂

· 奥秘大公开 ·

处理炸弹的机器人

机器人可以用来处理炸弹。这种机器人体内装有一个照相机，当机器人用专门的开启装置打开包裹时，工作人员可以通过这个照相机进行观察，并通过遥控来指挥。

机器人的电脑接收到工作人员发出的指令后，就能够进行工作了。

太空机器人为人类探索太空立下了汗马功劳。

机器人的头脑

现在的机器人大多已经装上了电脑，这就是机器人的头脑。有了这个头脑，机器人就可以记住很多东西，可以存放很多程序。不过，它只能思考和执行科学家设定好的程序。

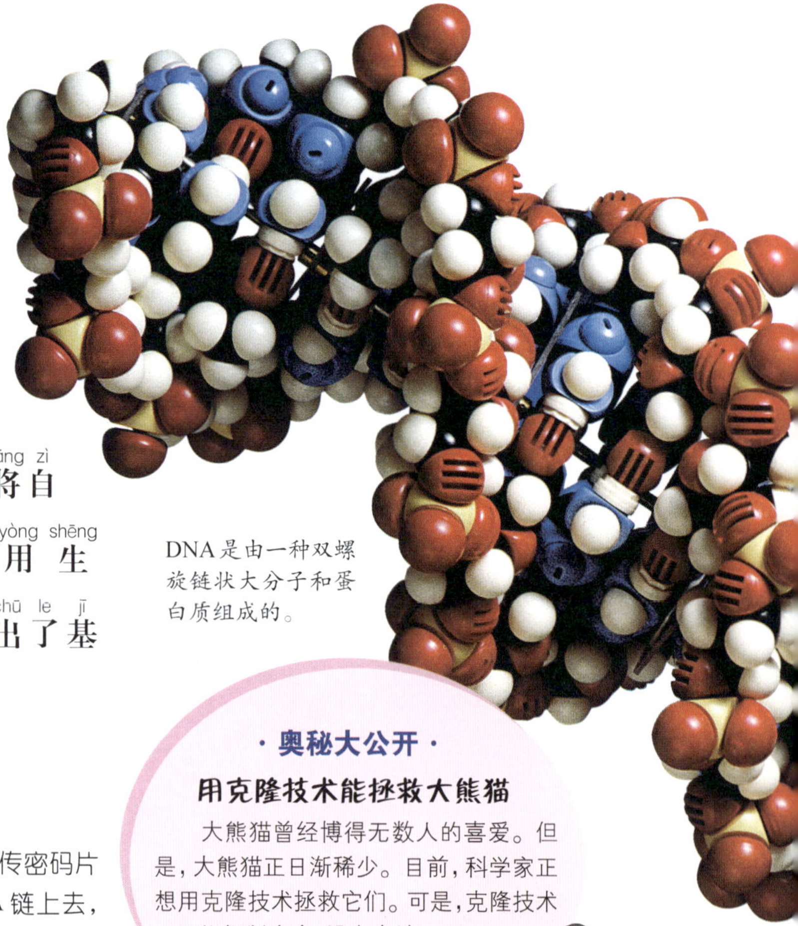

DNA是由一种双螺旋链状大分子和蛋白质组成的。

jī yīn yǔ kè lóng
基因与克隆

dà duō shù hái zi dōu zhǎng de xiàng zì
大多数孩子都长得像自
jǐ de bà ba huò mā ma zhè shì yīn wèi
己的爸爸或妈妈，这是因为
yī qiè shēng wù dōu shì àn yí chuán guī lǜ jiāng zì
一切生物都是按遗传规律，将自
jǐ de tè zhēng shì dài xiāng chuán de lì yòng shēng
己的特征世代相传的。利用生
wù de yí chuán guī lǜ kē xué jiā yán jiū chū le jī
物的遗传规律，科学家研究出了基
yīn yǔ kè lóng jì shù
因与克隆技术。

基因工程

如果将一种生物的DNA中的某个遗传密码片断提取出来，再连接到另一种生物的DNA链上去，然后将DNA重新组合，就可以按人类的愿望创造出新的生物类型了，这就是“基因工程”。人类在基因工程研究中的一个重大突破就是克隆技术。

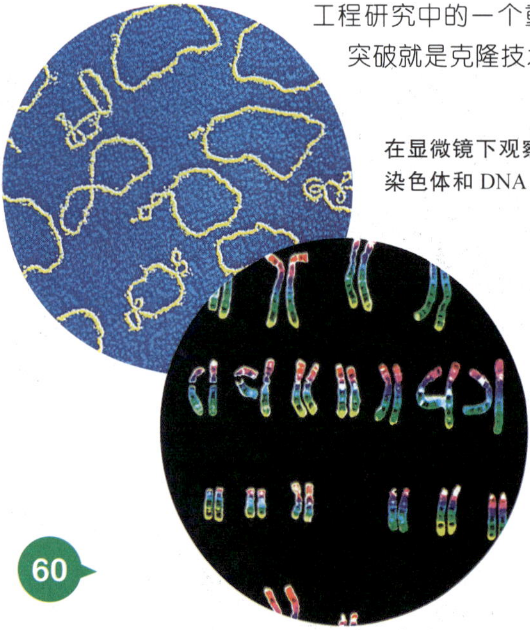

在显微镜下观察到的染色体和DNA

·奥秘大公开·

用克隆技术能拯救大熊猫

大熊猫曾经博得无数人的喜爱。但是，大熊猫正日渐稀少。目前，科学家正想用克隆技术拯救它们。可是，克隆技术只能复制生命，没有办法真正促进大熊猫的物种进化。

克隆技术

克隆是一种人工诱导的无性繁殖方式。克隆后的生物体具有和原有生物体完全相同的基因。克隆的基本过程是先将含有遗传物质的供体细胞的核移植到去除了细胞核的卵细胞中，利用微电流刺激等使两者融合为一体，然后促使这一新细胞分裂、繁殖并发育成胚胎，再植入动物子宫中，便可产下与提供细胞核者基因相同的动物。

5

第五章

奇妙的人体

小朋友，你了解自己的身体构造吗？看起来简单的人体，其实是世界上最为复杂的一台“机器”，它有上亿个“零件”——细胞组成的基本构架、覆盖全身的皮肤、能思考各种各样问题的大脑、可以控制我们行动的神经系统、保护身体不受疾病侵害的免疫系统……当它们协同工作时，人体这台“机器”才能运作起来。小朋友，赶快走进这奇妙的人体世界吧！

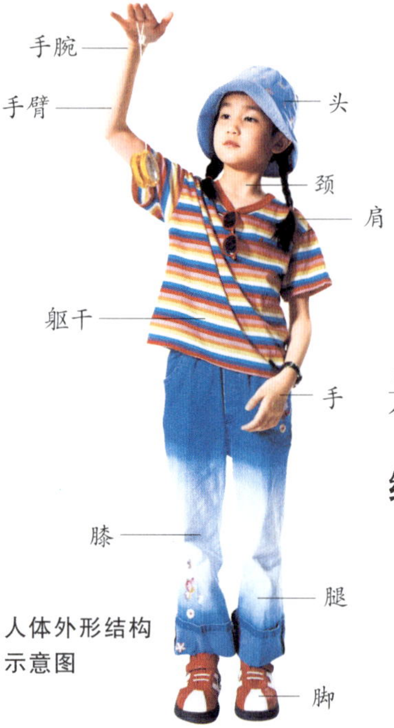

人体外形结构示意图

rèn shi wǒ men de shēn tǐ
认识我们的身体

yě xǔ nǐ yǐ jīng zhù yì dào le， zhōu wéi de rén dōu gēn nǐ
也许你已经注意到了，周围的人都跟你
zhǎng de bù yī yàng。dí què，měi gè rén dōu shì dú yī wú èr de。
长得不一样。的确，每个人都是独一无二的。
bù guò，suī rán měi gè rén de wài xíng gè bù xiāng tóng，kě shì wǒ men de shēn tǐ
不过，虽然每个人的外形各不相同，可是我们的身体
jié gòu yǐ jí gòu chéng shēn tǐ de wù zhì què shì wán quán yī zhì de。
结构以及构成身体的物质却是完全一致的。

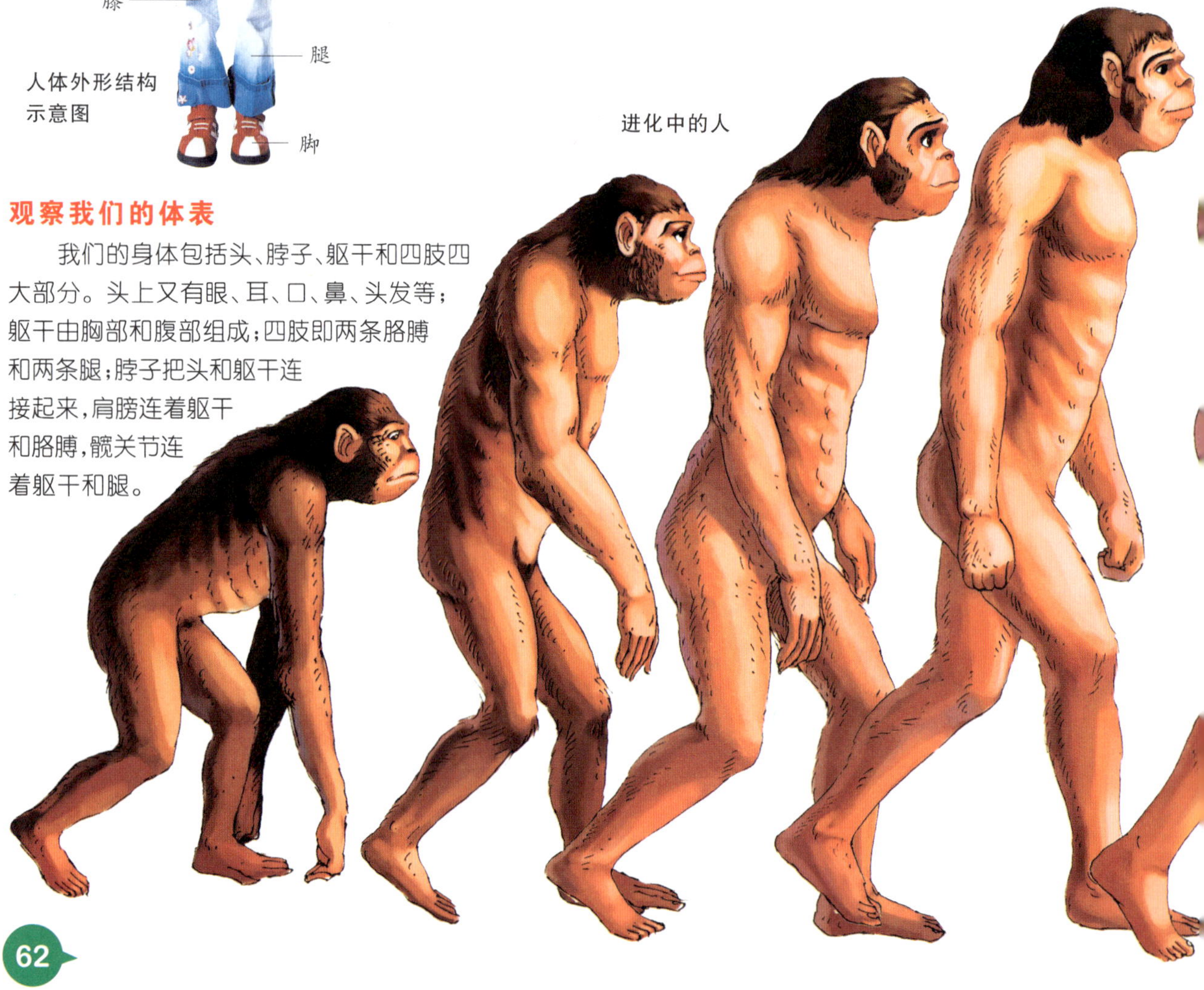
进化中的人

观察我们的体表

我们的身体包括头、脖子、躯干和四肢四大部分。头上又有眼、耳、口、鼻、头发等；躯干由胸部和腹部组成；四肢即两条胳膊和两条腿；脖子把头和躯干连接起来，肩膀连着躯干和胳膊，髋关节连着躯干和腿。

人体内部

你知道我们身体的内部有些什么吗？我们的头颅里藏着人体的司令部——脑；胸腔里有心脏、肺和胃；腹腔里有脾、小肠、大肠、肾和泌尿、生殖系统。骨骼和肌肉支撑着我们的身体，血管、神经和淋巴管遍布我们的全身。

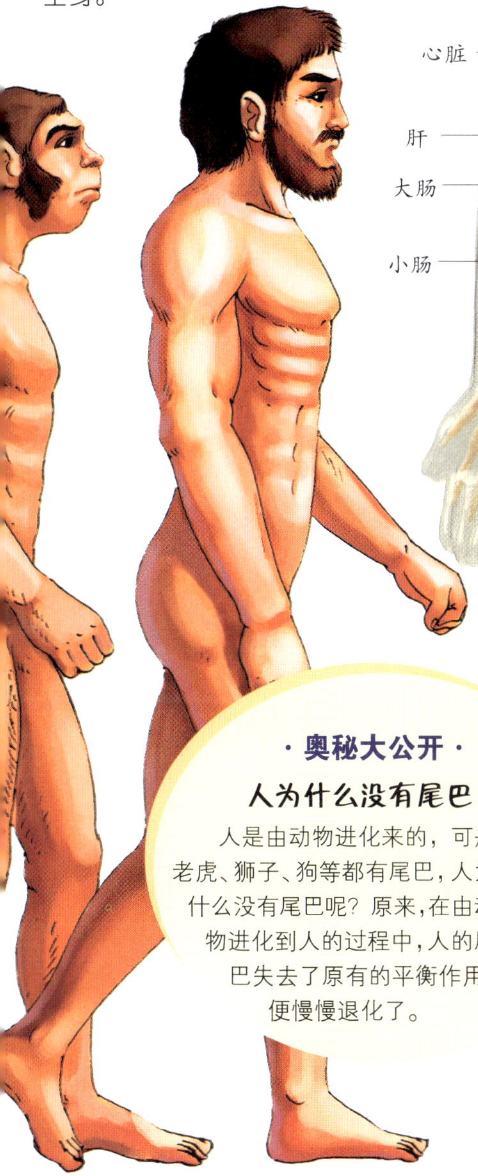

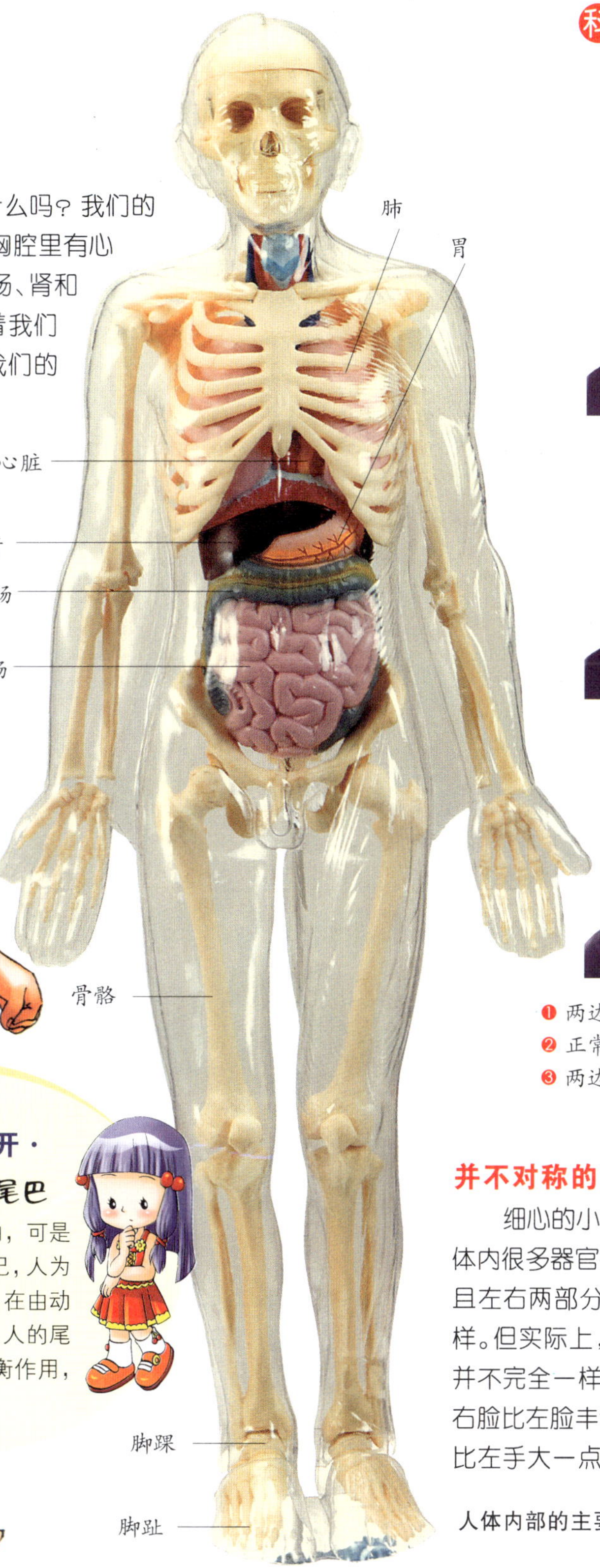

人体内部的主要结构

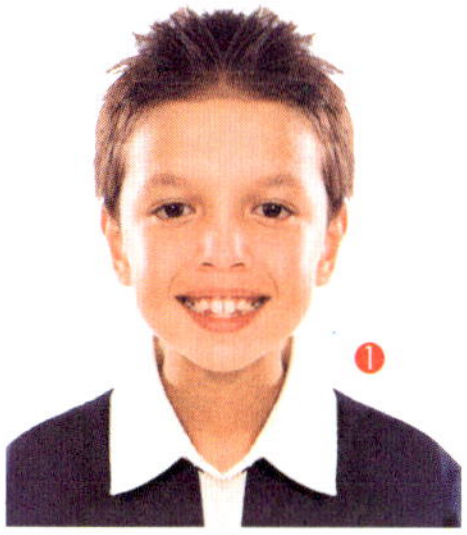

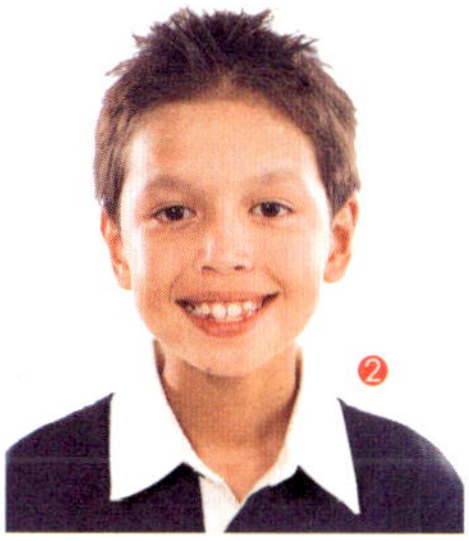

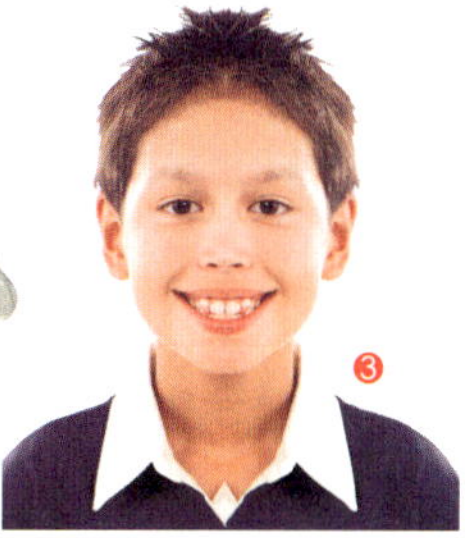

❶ 两边都是左脸组成的人脸
❷ 正常的人脸
❸ 两边都是右脸组成的人脸

·奥秘大公开·

人为什么没有尾巴

人是由动物进化来的，可是老虎、狮子、狗等都有尾巴，人为什么没有尾巴呢？原来，在由动物进化到人的过程中，人的尾巴失去了原有的平衡作用，便慢慢退化了。

并不对称的身体

细心的小朋友一定发现了，人体内很多器官都是成双成对的，而且左右两部分看起来似乎一模一样。但实际上，人体左右的两部分并不完全一样，大约有59%的人右脸比左脸丰满，大多数人的右手比左手大一点儿。

细胞

我们的身体由许许多多肉眼看不见的微小物体构成，我们把这种微小物体叫做细胞。不同类型的细胞形状、大小、功能都不一样，但所有细胞的结构基本上是一致的。

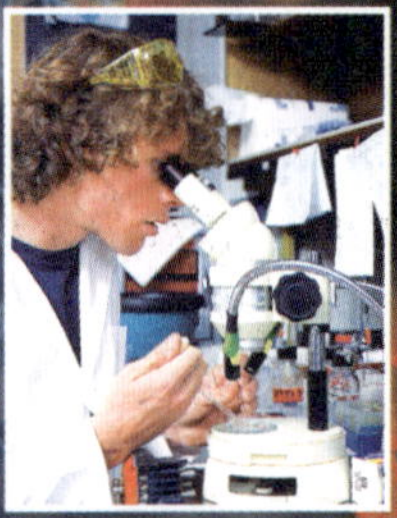

细胞非常小，人们只能用显微镜来观察它。

细胞的数量

细胞是非常非常小的。人体最小的细胞是红细胞，一滴血中大约就有3亿个。最大的细胞是神经细胞，但也要用显微镜才能观察到它。细胞如此微小，人体却如此庞大，所以构成一个人体至少需要500万亿个细胞。

形状多样的细胞

人体内有几百种不同形状的细胞。不同形状的细胞有不同的功能。例如，神经细胞又长又细，在身体的各部分之间传递信息；口腔内的细胞是扁平多边形的，相互叠在一起形成保护膜。

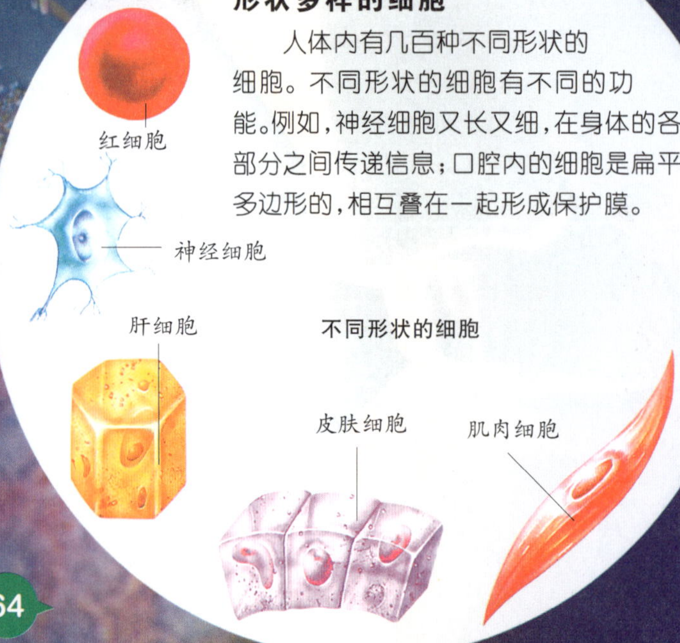

不同形状的细胞

人体是由细胞构成的。

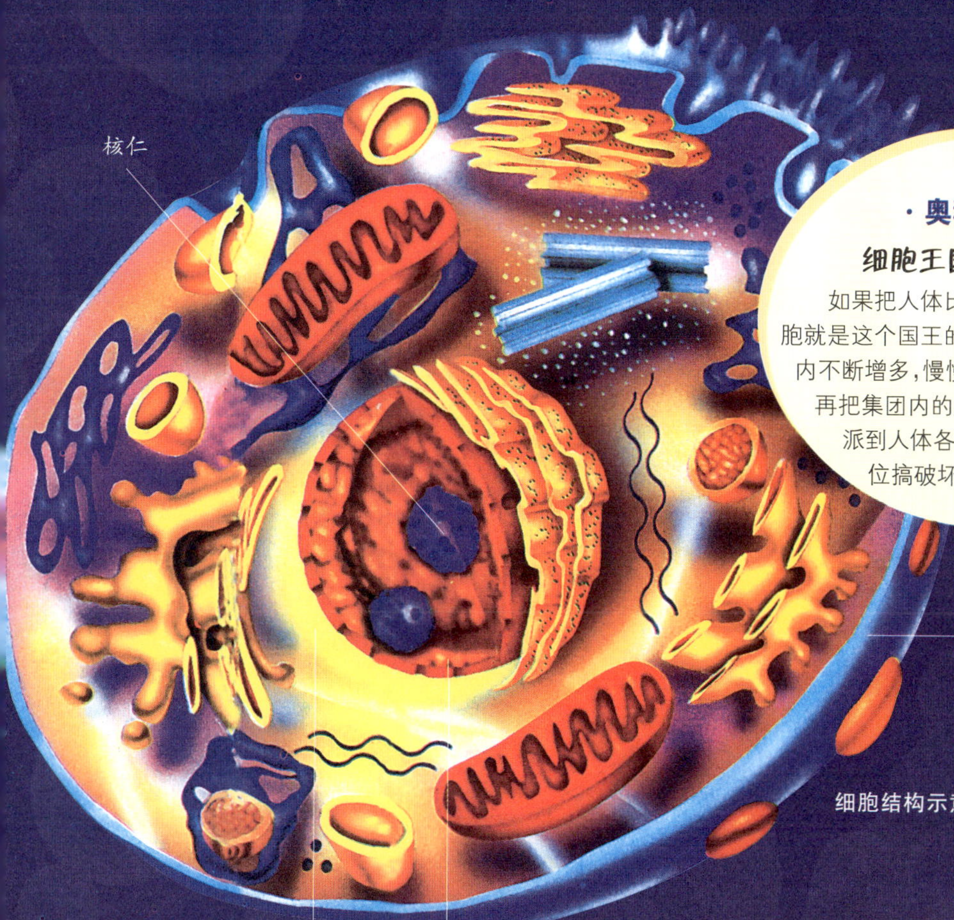

细胞结构示意图

·奥秘大公开·

细胞王国的“恐怖分子”

如果把人体比作细胞王国的话，癌细胞就是这个国王的“恐怖分子”。它在人体内不断增多，慢慢发展成为癌细胞集团，再把集团内的成员派到人体各部位搞破坏。

细胞的结构

活着的细胞表面有一层很薄的细胞膜，在细胞膜的内部有一个很大的结构叫做细胞核，它是细胞的核心，含有维持细胞生存和正常工作所必需的信息。位于细胞膜和细胞核之间的胶状物质叫做细胞质，细胞质中漂浮着各种细胞器。

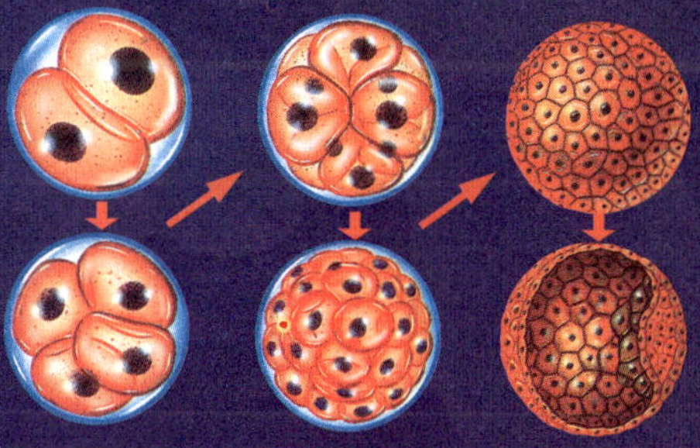

细胞每天都要通过“分身术”来制造新的细胞。“分身”时，它会先将细胞核内的信息复制一遍，然后细胞核分裂成两个部分，接着是细胞质分裂。这样，一个细胞就变成了两个细胞。

·奇妙大看台·

细胞的寿命

细胞也是有寿命的。不同的细胞寿命不一样，而且差别非常大。比如，有的白细胞只能存活几个小时，有些肠细胞可以活 1 ~ 2 天，红细胞一般在 4 个月后死亡，而寿命最长的骨细胞能活 15 ~ 20 年。

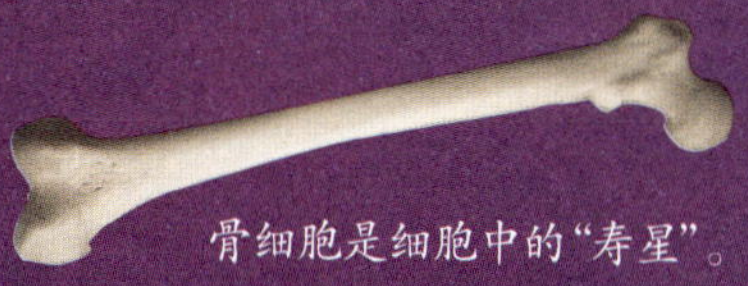

骨细胞是细胞中的“寿星”。

zǔ zhī qì guān xì tǒng
组织、器官、系统

xì bāo gòu chéng zǔ zhī zǔ zhī lián hé qǐ lái chéng wéi qì guān duō gè qì
细胞构成组织，组织联合起来成为器官，多个器
guān xíng chéng xì tǒng wǒ men chī fàn xué xí zuò yóu xì shuì jiào děng xíng wéi
官形成系统。我们吃饭、学习、做游戏、睡觉等行为，
dōu xū yào gè gè xì tǒng qí xīn xié lì cái néng wán chéng
都需要各个系统齐心协力才能完成。

单个器官通常不能工作，只有一个系统或几个系统一起合作，我们才能玩耍。

各司其职的组织

执行相同功能的细胞构成了组织。人体内基本的组织分为四类：使身体各部分进行运动的肌肉组织，在脑部和身体各部分传递信息的神经组织，连接身体各部分的结缔组织，以及覆盖在体外和体内器官表面的上皮组织。

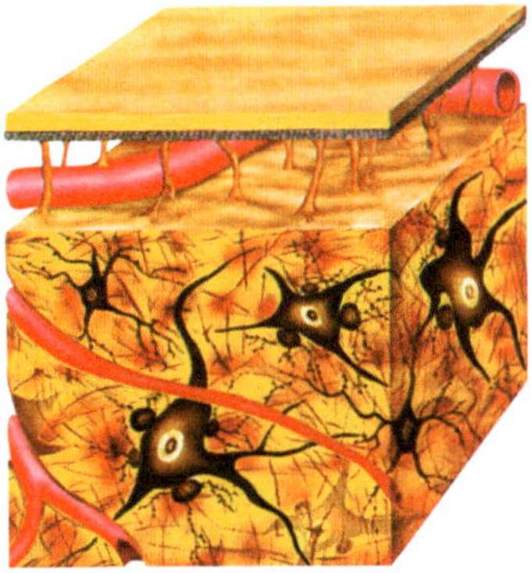

脊髓神经组织的横切面

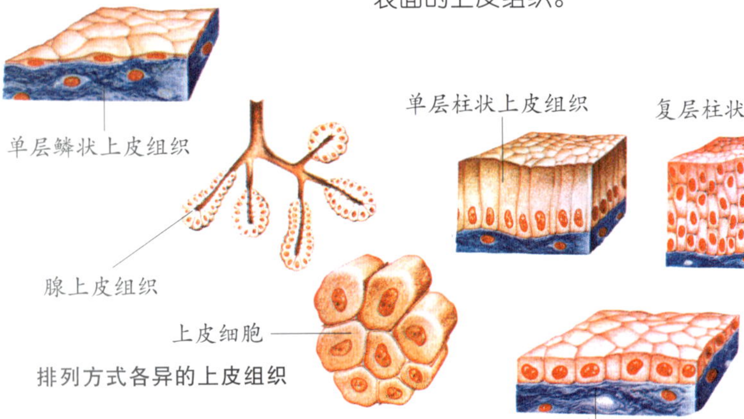

排列方式各异的上皮组织

器官

不同的组织联合起来为完成某项工作而形成的结构就是器官。眼、脑、心脏和肝脏等都是器官。比如，心脏包含上皮组织、神经组织和肌肉组织，这些组织由结缔组织连接在一起，推动血液在体内循环。

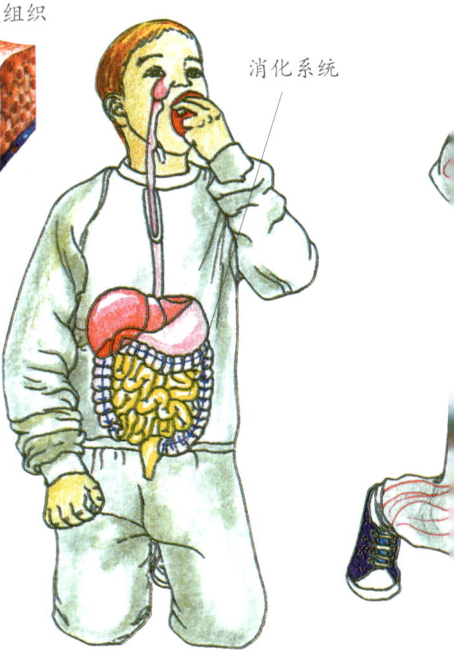

滑旱冰时各种系统需要协同一致。

人体系统

通常，单个器官不能单独工作，而是需要几个器官一起工作。能够共同完成一种或几种生理功能的多个器官构成了人体系统。人体内的主要系统有11个，分别是表皮、骨骼、肌肉、消化、循环、呼吸、泌尿、免疫、神经、内分泌和生殖系统。

·奥秘大公开·

多余的身体器官

科学家已证实，人类的祖先是类人猿，他们在劳动过程中进化成人类现在这个样子。盲肠、智齿、尾骨等器官在进化过程中慢慢失去了作用，但它们退化得非常慢，所以至今还留在体内。

人体系统

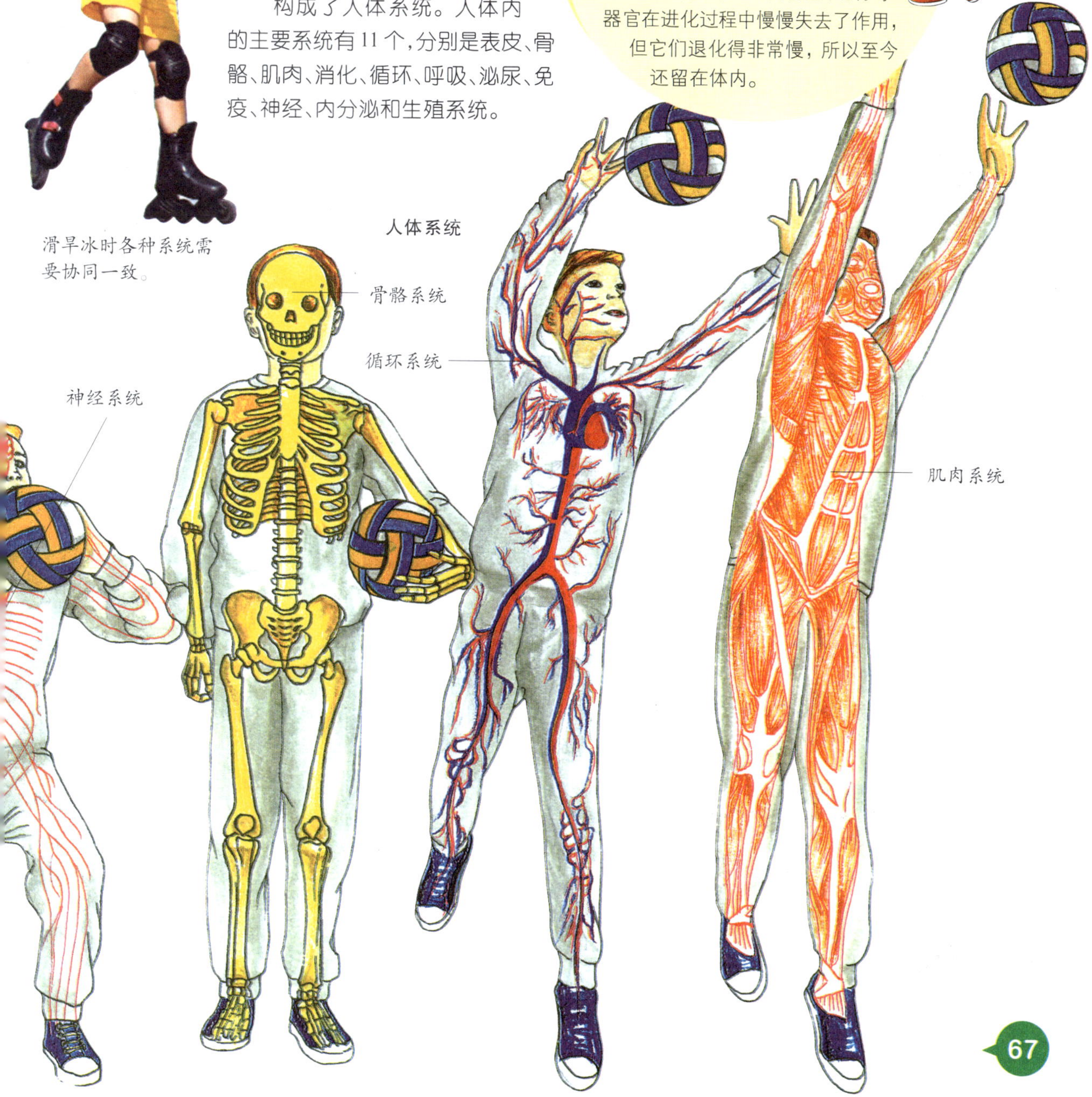

pí fū
皮肤

pí fū shì shēn tǐ biǎo céng de yī jiàn wài yī tā cóng tóu dào jiǎo bǎo
皮肤是身体表层的一件“外衣”，它从头到脚保
hù zhe wǒ men de shēn tǐ shǐ shēn tǐ de nèi bù qì guān bù shòu shāng hài pí
护着我们的身体，使身体的内部器官不受伤害。皮
fū jiān rèn ér yǒu tán xìng néng gòu shēn suō
肤坚韧而有弹性，能够伸缩、
lā cháng huò huán yuán shǐ wǒ men de
拉长或还原，使我们的
yùn dòng chàng tōng wú zǔ
运动畅通无阻。

真皮里的感受器与神经末梢使皮肤能感受到各种刺激。

认识皮肤

皮肤由表及里大致可分为表皮、真皮和皮下组织三层。表皮位于皮肤的表面，包括角质层和生发层。真皮位于表皮的下面，比表皮厚，能保护内部的组织。真皮里藏着神经、血管、毛囊、皮脂腺、汗腺以及神经末梢等。

皮肤的结构

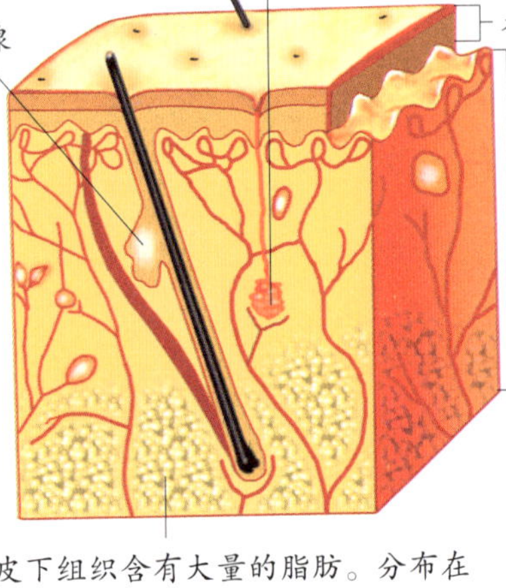

不同肤色的人

黄色人种　黑色人种　白色人种

· 奥秘大公开 ·

胎记

有的小朋友的手臂上有一种特殊的斑片，这就是人们通常说的“胎记”。胎记大多是在胎儿期形成的，它的形成与细胞、组织或血管不正常增生或减少有关。

皮肤的成分

皮肤的主要成分是蛋白质和水。水在皮肤中所占的比重最大，成人皮肤里所含的水分大约占 60%，刚出生的婴儿的皮肤含有的水分高达 80%。所以我们要多喝水，及时补充体内流失的水分。

独特的皮肤纹理

仔细观察我们的皮肤，会发现皮肤上有许多细细的沟、纹等，尤其是手掌上，纹理非常明显。每人的皮肤纹理都不相同，公安部门经常利用指纹的个体差异来破案。

· 奇妙大看台 ·

皮肤的颜色

人的皮肤里有一种叫做黑色素的东西，它决定了皮肤的颜色。黑种人的皮肤内含有大量黑色素；白种人的皮肤里黑色素非常少，甚至没有；黄色人种的皮肤中含有的黑色素比白种人多，比黑种人少。

黑色人种

如果没有皮肤的保护，小朋友做游戏时很容易感染细菌。

皱纹是后天形成的一种皮肤纹理。

nǎo
脑

nǎo shì wǒ men rén tǐ de kòng zhì zhōng xīn fù zé
脑是我们人体的控制中心，负责
zhǐ huī wǒ men xué xí gè zhǒng zhī shi hé zuò gè zhǒng dòng zuò nǎo
指挥我们学习各种知识和做各种动作。脑
cáng zài jiān yìng de lú gǔ lǐ mian yóu dà nǎo xiǎo nǎo hé nǎo gàn
藏在坚硬的颅骨里面，由大脑、小脑和脑干
sān bù fen zǔ chéng tā men de gōng néng gè bù xiāng tóng
三部分组成，它们的功能各不相同。

大脑皮层中的功能分区示意图

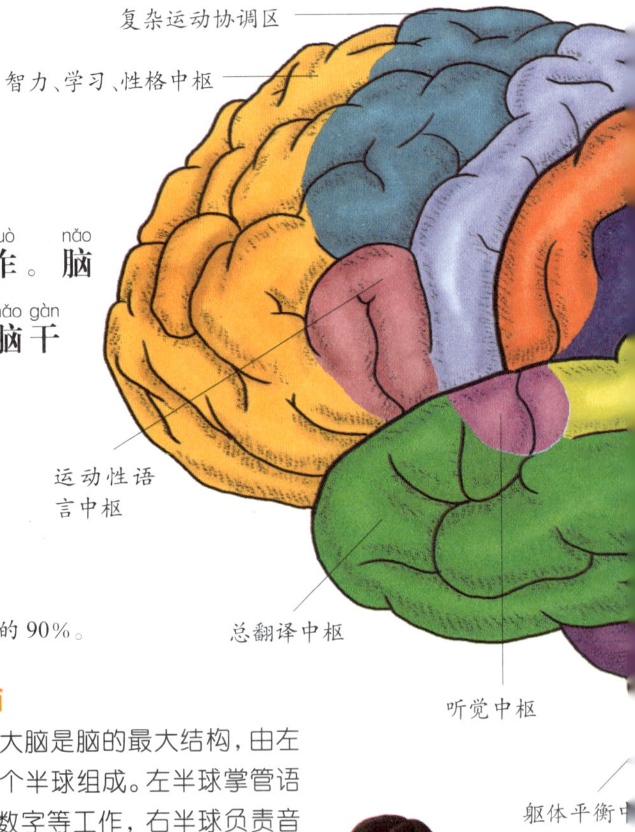

脑的主要部分

大脑

大脑是脑的最大结构，由左右两个半球组成。左半球掌管语言、数字等工作，右半球负责音乐、艺术等活动。左右脑互相协作，共同赋予我们处理、记忆信息等能力，从而使身体做出各种有意识的活动。

小脑向肌肉发出指令，使人活动并保持身体平衡。

小脑

小脑躲在大脑的后面，表面深浅不一。小脑是控制身体平衡及动作协调、准确的指挥中心，走、跳、跑、攀登等人体动作都需要它的参与。

脑干

脑干位于脑的最下部。它像一座桥那样连接着大脑、小脑和身体的其他各个部分。脑干同时还掌握着人体的呼吸、心跳速度、体温、睡眠等重要的生理功能。

我们的绘画、音乐、艺术等才能由大脑的右半球掌控。

做拼图游戏能唤醒脑中零散的记忆，有助于开发儿童的记忆能力。

· 奥秘大公开 ·

梦

我们常会做一些千奇百怪的梦，梦中的场景似曾相识，又有点离谱。有的梦是因为白天我们想做某些事却没做到，心中还有不甘，某些善解人意的脑细胞就会以梦的形式满足我们的愿望。

yǎn jing
眼睛

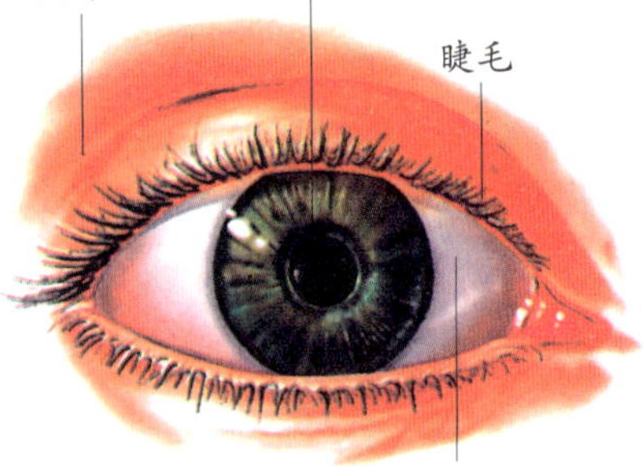

眼睛的结构

yǎn jing shì rén tǐ de shì jué qì guān shì gǎn jué qì guān zhōng zuì
眼睛是人体的视觉器官，是感觉器官中最
zhòng yào de bù fen tā xiàng yī jià zì dòng zhào xiàng
重要的部分。它像一架自动照相
jī néng bǔ zhuō yóu yuǎn jí jìn de gè zhǒng
机，能捕捉由远及近的各种
shì wù cóng ér shǐ wǒ men kàn dào
事物，从而使我们看到
zhè gè měi lì de shì jiè
这个美丽的世界。

眼睛的构造

眼睛的构造非常精致，也非常复杂。眼睛基本上可分为眼球和眼的附属器官两部分。眼球是眼窝里类似黑色球形的组织，它是眼睛的主体部分，在视觉成像的过程中起着最重要的作用。附属器官指眼眶、结膜、眼睑、眼肌、泪腺。

看，多么漂亮的星空！

·奥秘大公开·

关灯时眼前一片黑

人体的视网膜上有两种感光细胞：视锥细胞和视杆细胞。其中视杆细胞只在黑暗中工作，而且视杆细胞在接班时又有点迟钝，所以，突然关灯时我们会感到眼前一片漆黑。

眼睛使我们从外界获取了大量的信息。

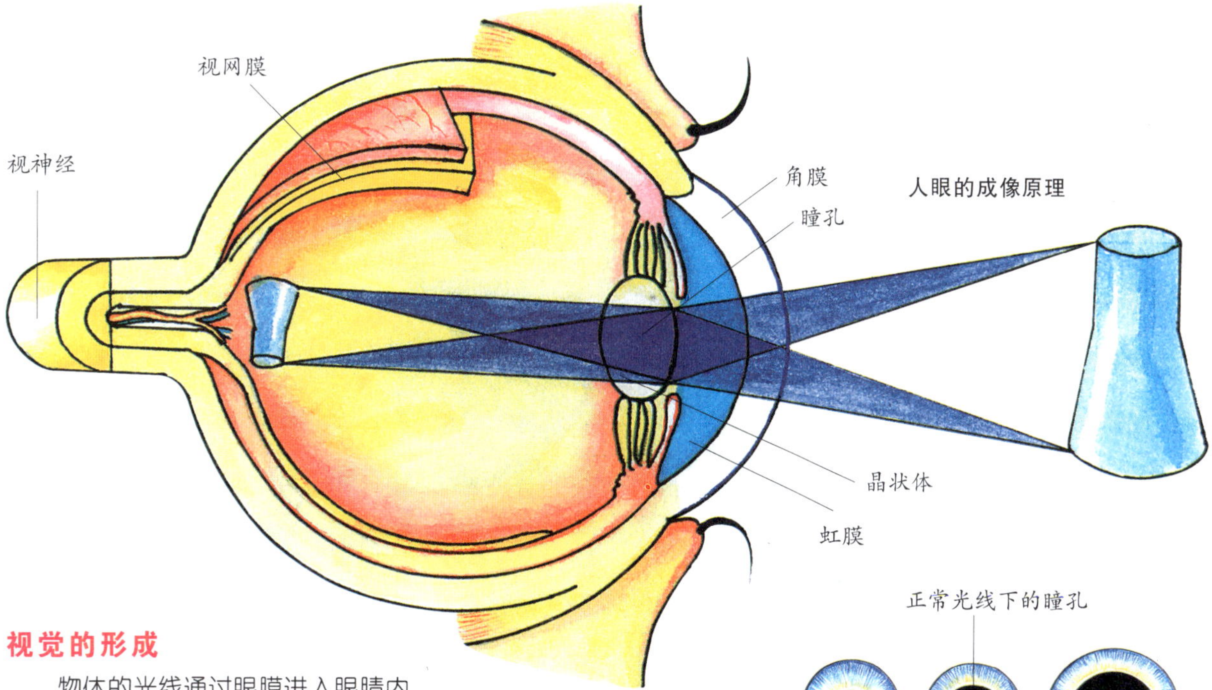

人眼的成像原理

视觉的形成

物体的光线通过眼膜进入眼睛内，然后通过瞳孔，由晶状体把它汇聚在视网膜上。视网膜上含有对光线极为敏感的细胞，当光线照射到这些细胞上时，它就向大脑发出信号。这些信号被大脑转换成图像，我们就可以看见东西了。

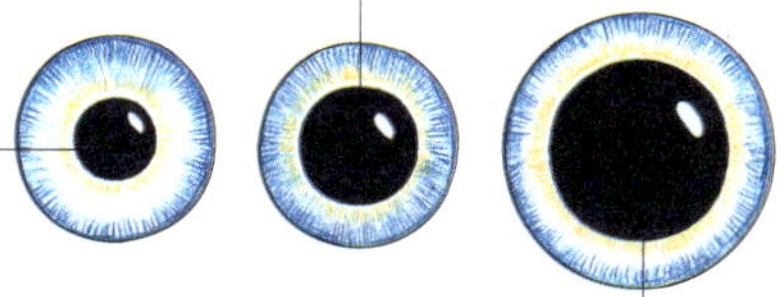

不同光线下的瞳孔

·奇妙大看台·

眼珠为何不怕冷

为什么冬天时，我们要包裹得严严实实来御寒，而眼睛露在外面却一点也不觉得冷呢？原来眼珠上有传递触觉和痛觉的神经，而没有传递冷感觉的神经，所以不论外界温度多低，眼珠都不怕冷。

风雪中，只有我们的眼睛不怕冷。

通过眼睛的成像，我们便能看到书本上的字啦！

两个眼珠转动一致

我们每只眼睛周围都有一条内直肌和一条外直肌。当我们向左看时，大脑就会把收缩的信号传给左眼的外直肌和右眼的内直肌，而左眼的内直肌和右眼的外直肌就会同时放松，使两个眼球一齐向左转动。

ěr duo
耳朵

ěr duo shì wǒ men rén tǐ de zhòng yào qì guān
耳朵是我们人体的重要器官。
lì yòng tā wǒ men kě yǐ tīng dào zì rán jiè de gè zhǒng
利用它，我们可以听到自然界的各种
shēng yīn néng gǎn shòu dào shēn biān wù tǐ de wèi zhi biàn dòng
声音，能感受到身边物体的位置变动，
hái néng bǎo chí shēn tǐ píng héng
还能保持身体平衡
děng rén de ěr duo fēn sān bù fen fēn
等。人的耳朵分三部分，分
bié shì wài ěr zhōng ěr hé nèi ěr
别是外耳、中耳和内耳。

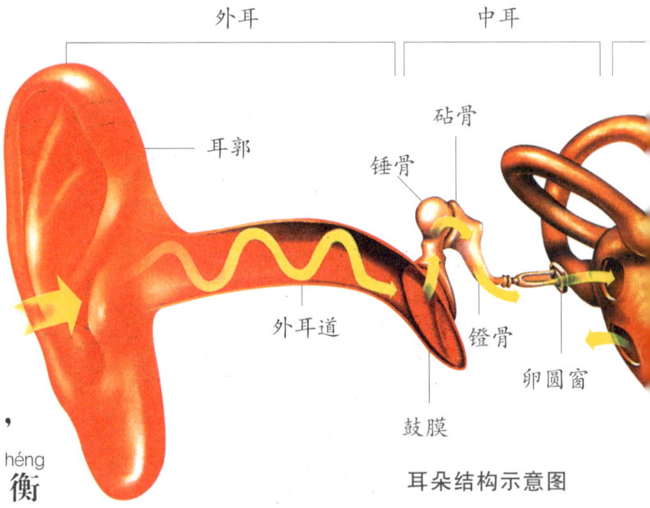

耳朵结构示意图

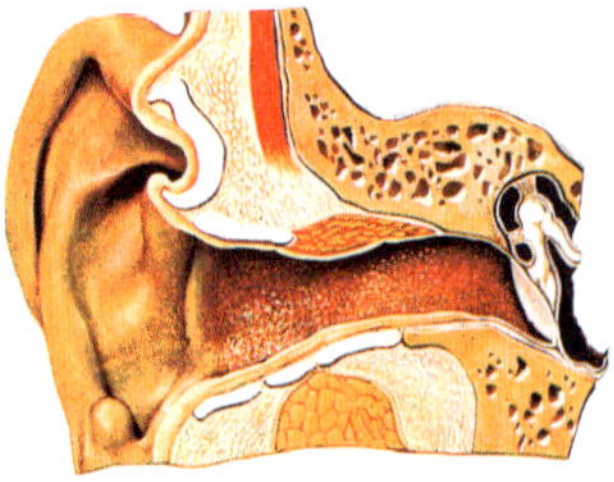
外耳纵剖面示意图

听远处传来的声音，像我这样，你就能听得更清楚。

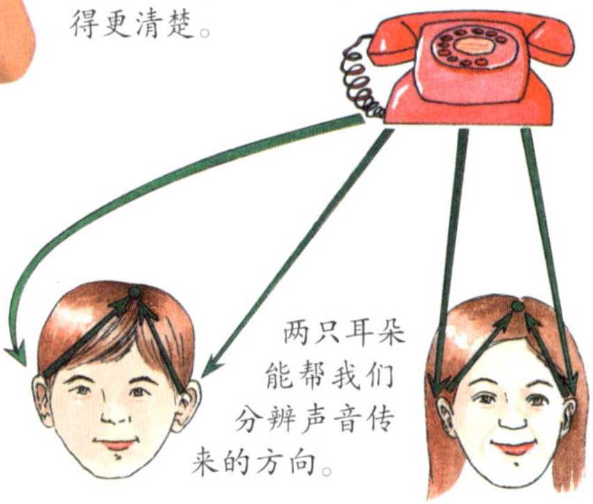

两只耳朵能帮我们分辨声音传来的方向。

外耳

外耳包括耳郭和外耳道。摸摸耳朵，突出来的部分就是耳郭，它能收集声音。外耳道是肉眼能看见的那截管道，它就像一个扩音器，声音传进去后会越来越大。

中耳

中耳藏在头里面，包括鼓膜和 3 块听小骨。鼓膜是一层半透明的薄膜，把外耳和中耳隔开。鼓膜再往里就是听小骨了。根据小骨形状的不同，我们将它分为锤骨、砧骨和镫骨。中耳能增强声音的压力，还能保护内耳。

外耳道起着传递声音的作用，如果外耳道耳垢过多，要及时清理。

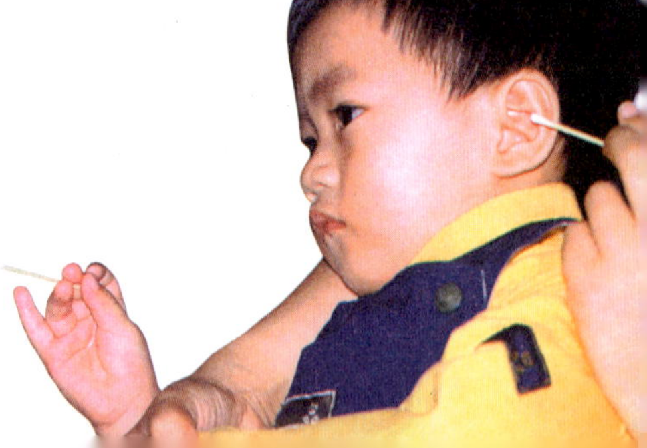

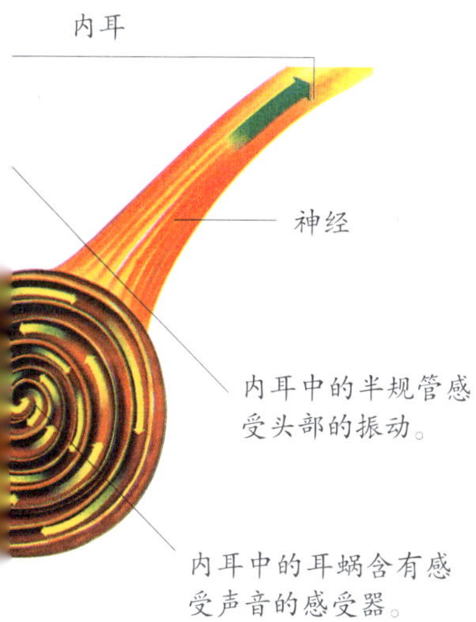

工人在用有噪音的机械工作。他的耳朵上戴有保护装置，以防止噪音损害耳朵。

内耳

内耳是传递声波的最后一站。内耳里充满液体，有3个半圆形的半规管和1个螺旋状的耳蜗。耳蜗内有200多根毛发形状的毛细胞，它们通过神经纤维向脑发送信号。

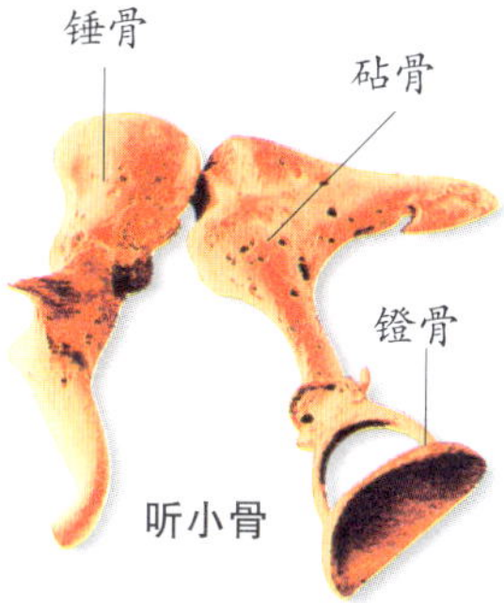

听小骨

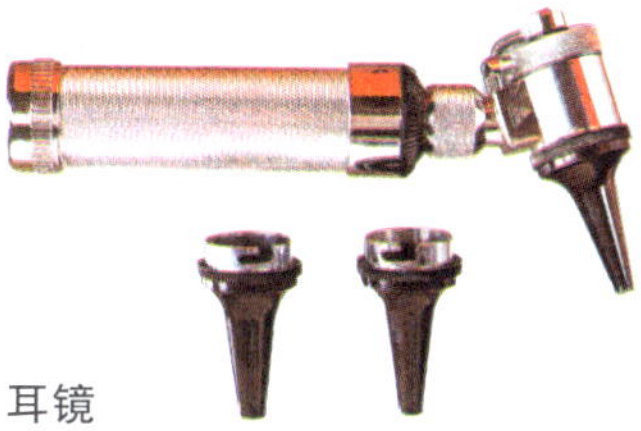

耳镜

耳镜像个弯曲的小手电筒，医生可以把它伸入耳道中，将耳道扩大些，并排开耳道外面部分的毛发，直接照到鼓膜。

·奥秘大公开·

避开噪音的秘诀

如果遇到巨大的噪音，要捂住耳朵，并张大嘴巴。因为有一条“咽鼓管”可从嘴巴通向中耳，这样从耳朵和嘴巴两边进入的声音，可以在鼓膜处抵消一些，从而防止震破鼓膜。

声音的形成

声音顺着外耳道往里走，振动了耳膜，立刻被中耳内的3块听小骨接收。听小骨马上把信息传到内耳。当声波传过内耳时，内耳的液体流动，毛细胞便会将信息传给听觉神经，听觉神经即时报告给大脑，我们就听到声音了。

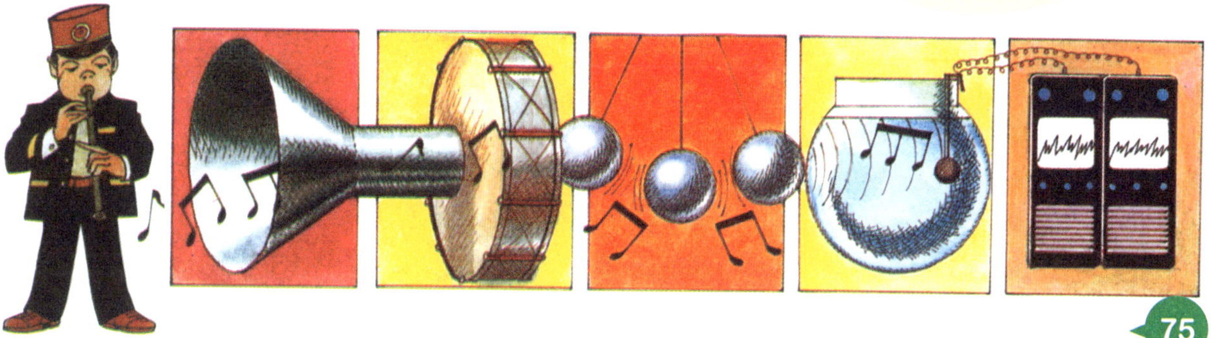

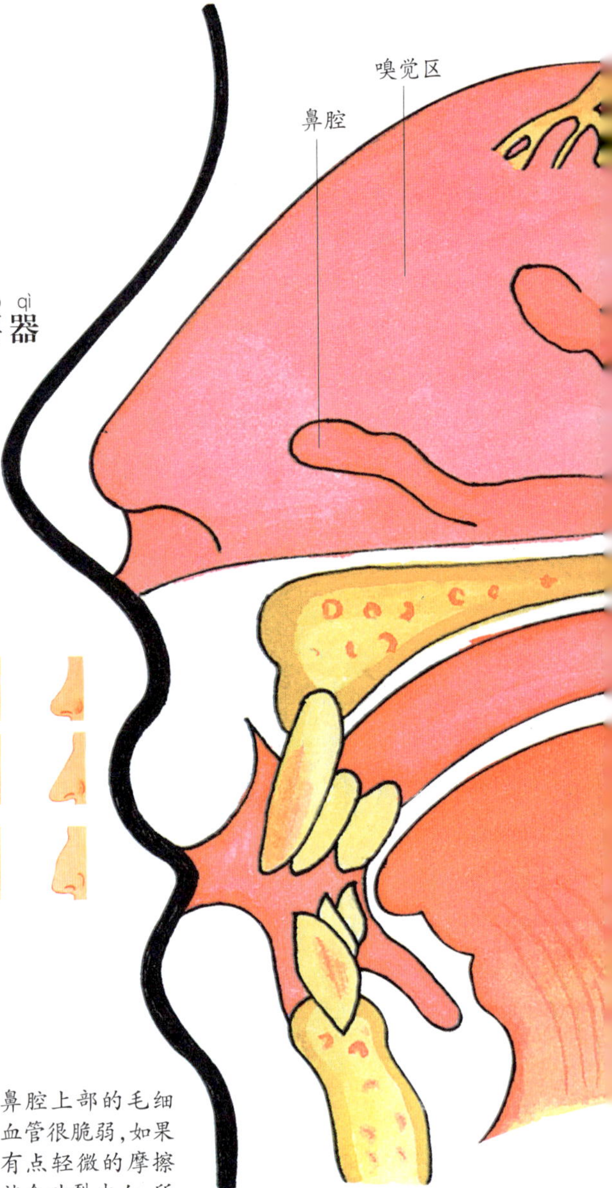

bí zi
鼻子

bí zi shì chǎn shēng xiù jué hé hū xī kōng qì de zhǔ yào qì guān bí zi yǒu liǎng ge bí kǒng bí kǒng hòu miàn shì bí qiāng bí zi de xiù jué zhōng shū shēn cáng zài bí qiāng lǐ miàn wǒ men néng wén dào gè zhǒng qì wèi dōu shì bí zi de gōng láo

鼻子是产生嗅觉和呼吸空气的主要器官。鼻子有两个鼻孔，鼻孔后面是鼻腔，鼻子的嗅觉中枢深藏在鼻腔里面。我们能闻到各种气味，都是鼻子的功劳。

不同形状的鼻子

鼻子是人面部最凸出的器官。它的形状因个人和种族的差异而有所不同。常见的有扁平鼻、高挺鼻、鹰钩鼻和鞍状鼻。当然，任何形状的鼻子都有呼吸和闻气味的功能。

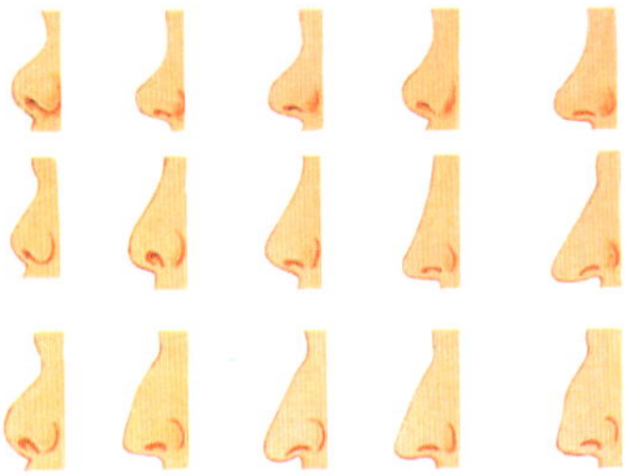

各种形状的鼻子

可爱的大鼻子

鼻腔上部的毛细血管很脆弱，如果有点轻微的摩擦就会破裂出血，所以不要轻易去挖自己的鼻孔哦。

鼻子的结构

鼻子的结构并不复杂。它分为外鼻、鼻腔和鼻窦三部分。外鼻即我们看得见的那个呈椎形状的凸起。鼻腔是被外鼻围起来的那个空腔。鼻腔上长着鼻毛、汗腺等。在鼻腔的周围还有一些含气的骨质空腔，那便是鼻窦，每个鼻腔里有4个鼻窦。

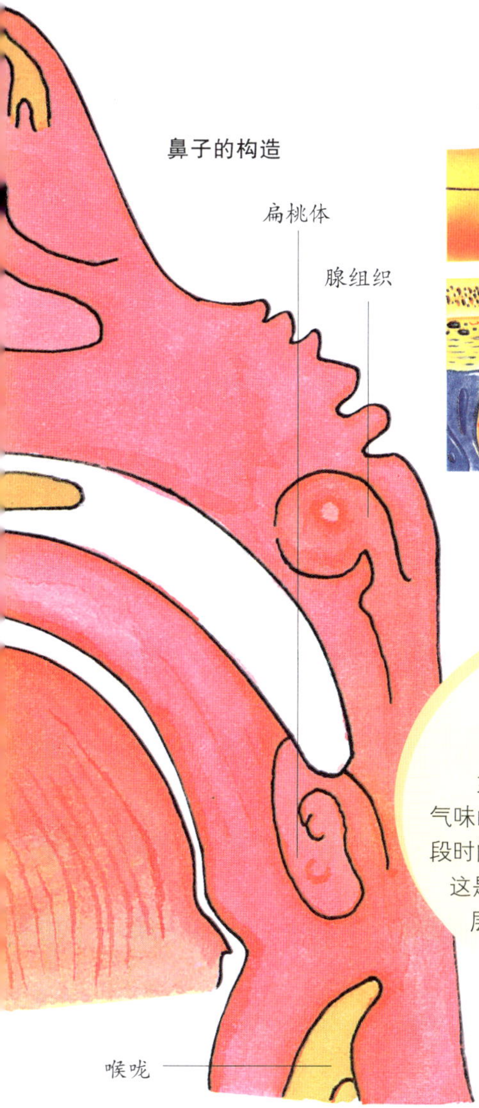

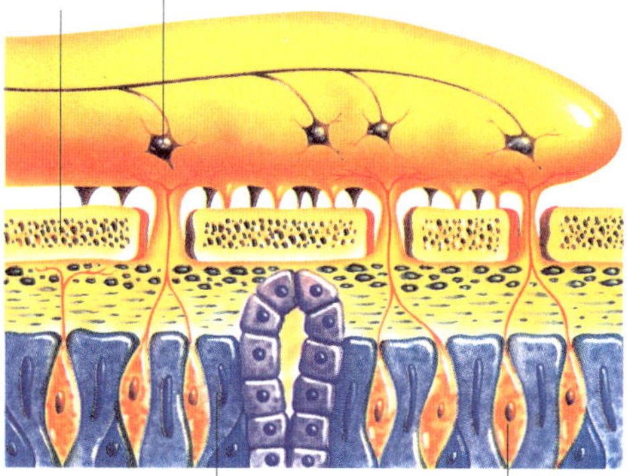

鼻子的功能

鼻子有两大功能，一是用来呼吸，一是用来闻气味。鼻腔内的鼻毛和鼻腔内分泌的黏液都有净化空气的作用；鼻腔内的嗅觉细胞则能很灵敏地辨别几十种气味。

·奥秘大公开·

嗅觉迟钝

如果我们进入一个有强烈气味的空间，如油菜花地，过一段时间后便感觉气味消失了。这是因为嗅觉细胞已经疲劳，大脑皮层的兴奋度也随之降低，气味就没有那么强烈了。

鼻子能闻到树木、泥土等散发出的气味。

嗅觉的产生

当我们走到森林或是面包房时，空气中的气味便会飘到鼻子里，那些带着味道的微小粒子会被嗅觉区的黏膜粘住，并溶解在黏液里，使嗅神经产生冲动，再传递到大脑的嗅觉中枢，嗅觉就这样产生了。

·奇妙大看台·

惊人的嗅觉能力

一些经过特殊训练的人，鼻子的辨别能力非常惊人。如一个优秀的香水技师能够鉴别出 700 多种香味，而普通人通常只能辨别出 50 种左右。

经过特殊训练后，鼻子可具备惊人的嗅觉能力。

shé tou
舌头

shé tou shì wǒ men pǐn cháng wèi dào de qì guān zài shé tou de bāng zhù
舌头是我们品尝味道的器官。在舌头的帮助
xià wǒ men néng pǐn cháng gè zhǒng měi wèi jiā yáo hái néng biàn bié shí wù shì
下，我们能品尝各种美味佳肴，还能辨别食物是
fǒu biàn zhì cóng ér bì miǎn yǒu dú de wù zhì jìn rù tǐ nèi
否变质，从而避免有毒的物质进入体内。

舌头结构示意图

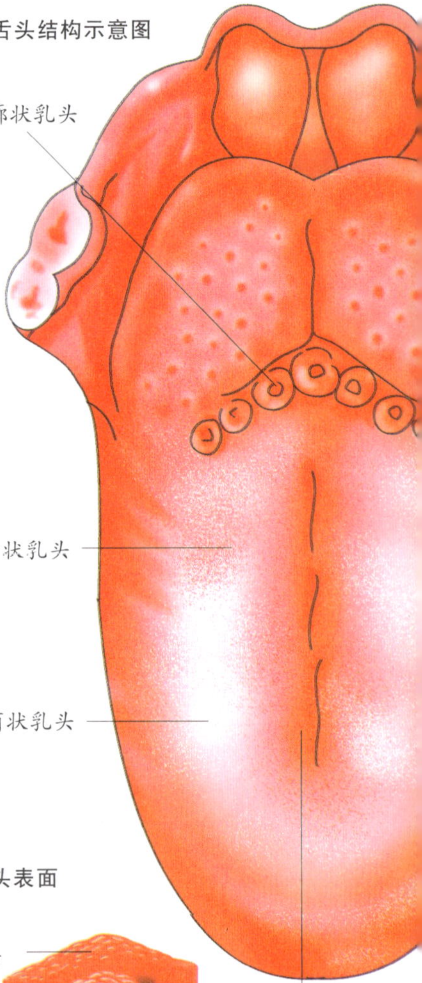

畸曲不平的舌头

我们的舌头乍一看很平整，只要仔细观察，你就会发现它其实是畸曲不平的。舌头表面有很多深深的裂纹，还密布着许多乳头状的小突起。这些乳头状小突起我们称之为舌乳头。

正常的舌头颜色深红，形状柔软而光滑。

舌头表面

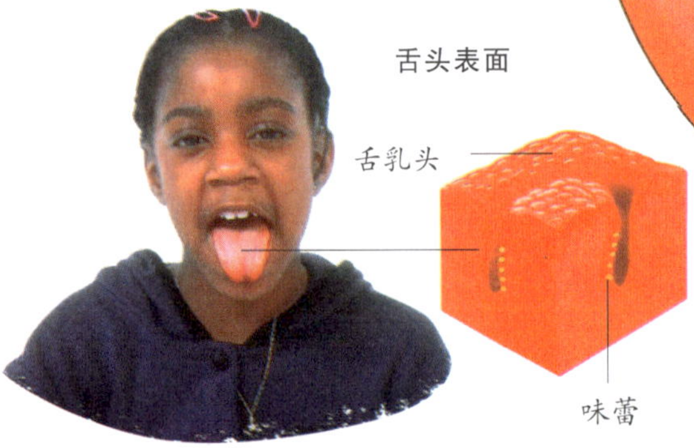

味蕾

舌头之所以能品尝出各种各样的味道，是因为舌头里有许许多多叫味蕾的器官，一个正常的成年人有一万多个味蕾。味蕾藏在舌乳头的下面，它是专门负责辨别食物味道的。

舌头能分辨出食物是否新鲜。

年老以后，人的味觉会逐渐退化。

· 奥秘大公开 ·

为什么感冒时吃东西觉得没味

为什么人在感冒时常常觉得吃东西没味呢？这是因为味觉和嗅觉是紧密相连的，只有在它们的共同作用下，我们才能感受到食物的味道。感冒时，鼻子闻不出气味，所以吃东西就没味了。

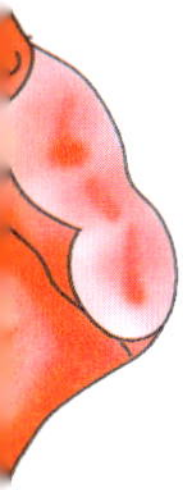

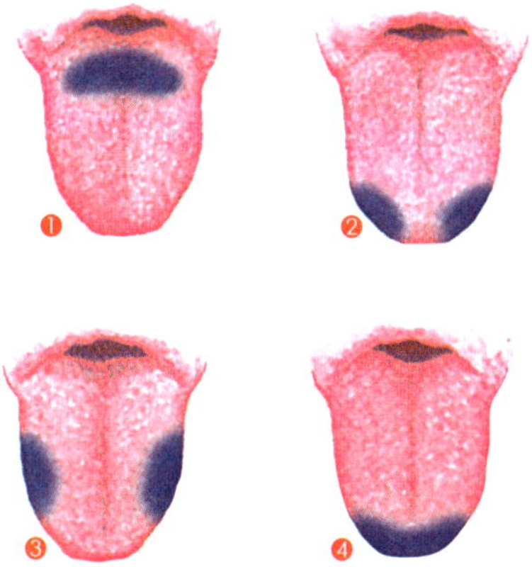

❶ 苦味区
❷ 咸味区
❸ 酸味区
❹ 甜味区

品尝味道

舌头的不同部位能感受不同的味道。一般来说，舌尖边缘对咸味比较敏感，舌尖前部对甜味、辣味比较敏感，舌腹的两侧对酸味比较敏感，而舌根对苦味比较敏感。

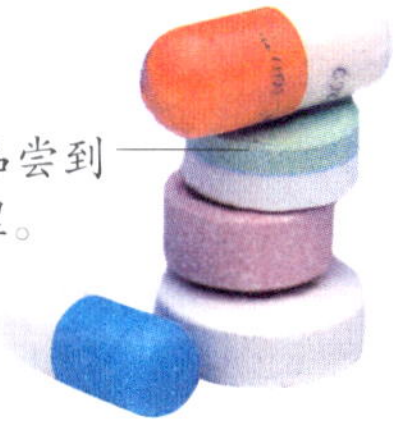

苦味区能品尝到药片的苦涩。

吐舌头的可爱孩子

甜味区能感觉到食物的甜美。

酸味区能感觉到柠檬浓浓的酸意。

gǔ gé
骨骼

gǔ gé shì yí ge rén shēn tǐ de zhī jià tā qīng qiǎo ér láo
骨骼是一个人身体的支架，它轻巧而牢
gù bǎo hù zhe shēn tǐ nèi bù de qì guān gǔ gé bāo kuò tóu lú
固，保护着身体内部的器官。骨骼包括头颅
gǔ qū gàn gǔ shàng zhī gǔ yǐ jí xià zhī gǔ děng
骨、躯干骨、上肢骨以及下肢骨等。

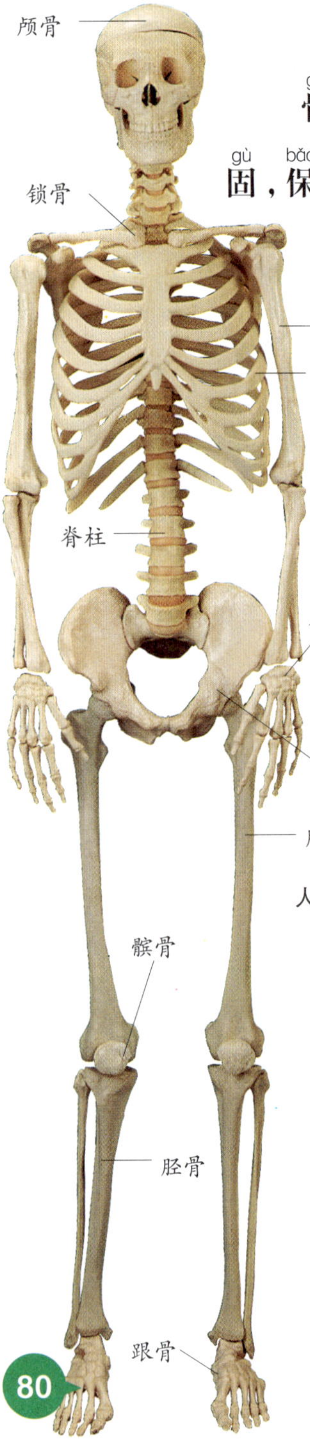

人体的主要骨骼

·奥秘大公开·

为什么人老了会变矮

脊柱是由33块脊椎骨连接而成的，它的长度约占人体的一半。人老了以后，脊柱中的脊椎骨会变小，脊柱的长度就会缩短。而且老年人的肌肉会慢慢萎缩，脊柱逐渐变得更弯曲，所以个子就矮了。

骨头的内部结构示意图

人体的支架——骨骼

人体内部是一个由骨骼组成的支架。它支撑着人的身体，使人体挺直，并为肌肉提供了附着处，支撑着皮肤和其他器官。除此之外，骨骼还保护着身体中其他柔软的器官，如保护大脑和内脏器官等。

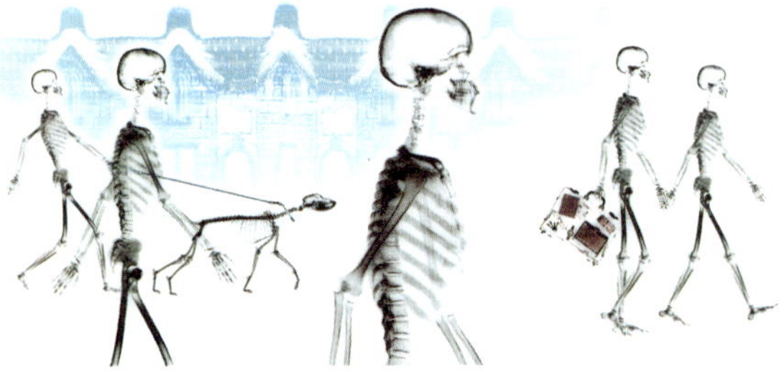
人体内形态各异的骨骼在人的行动中发挥着不同的作用。

骨骼的构成

骨是由骨膜、骨质、骨髓组成的。其中骨膜覆盖在骨的表面；骨质分为骨密质和骨松质，位于骨的外层，围成空心的管状；骨髓则填充在骨髓或骨松质的空隙内。

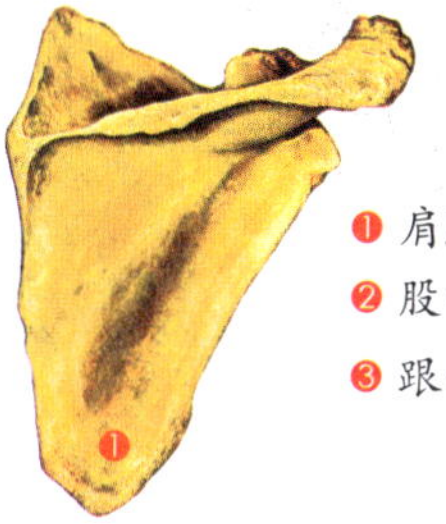

❶ 肩胛骨是扁骨的一种。
❷ 股骨是一根长骨。
❸ 跟骨是短骨的一种。

人的骨头分为长骨、短骨、扁骨和不规则骨。

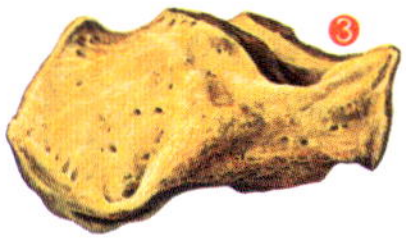

孩子的骨骼中有机物含量相对较多，骨头柔软而有韧性，因此运动起来很灵活。

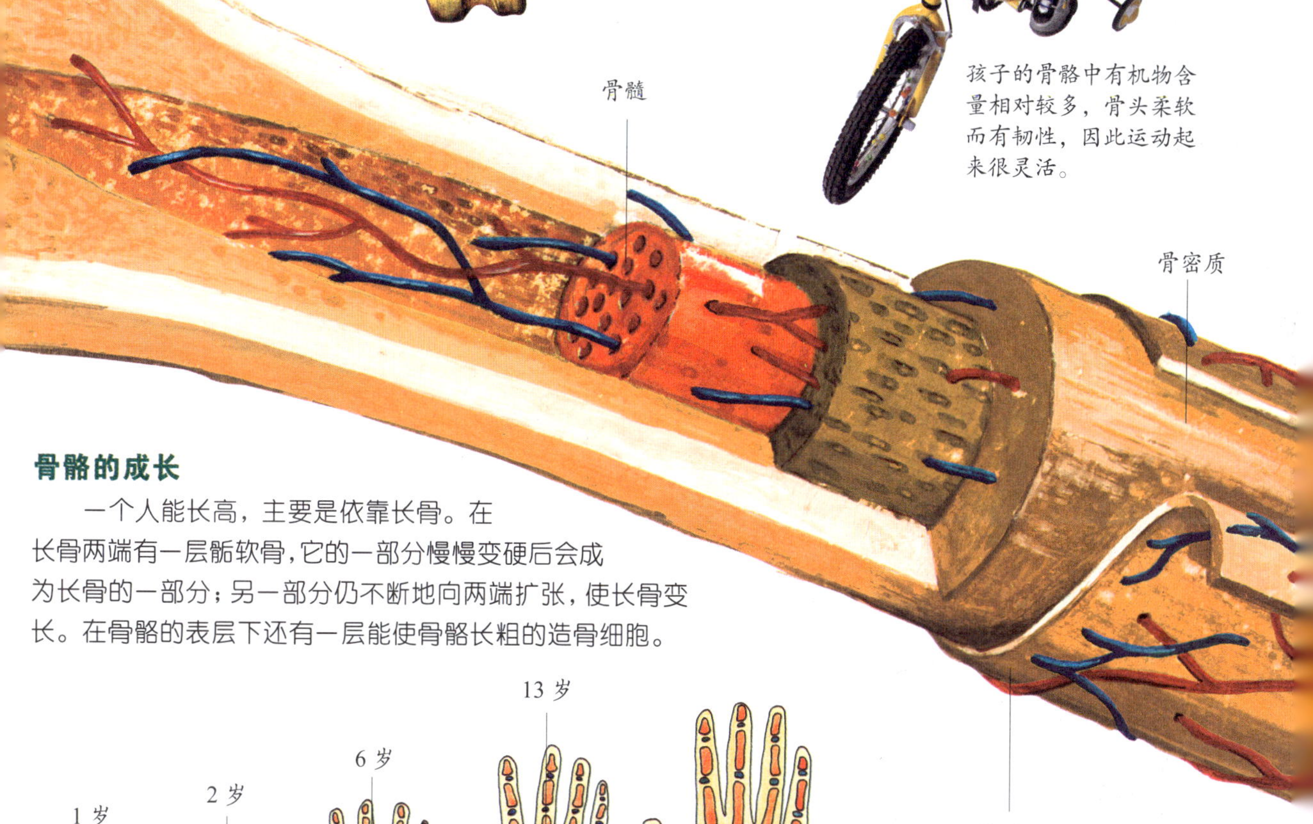

骨骼的成长

一个人能长高，主要是依靠长骨。在长骨两端有一层骺软骨，它的一部分慢慢变硬后会成为长骨的一部分；另一部分仍不断地向两端扩张，使长骨变长。在骨骼的表层下还有一层能使骨骼长粗的造骨细胞。

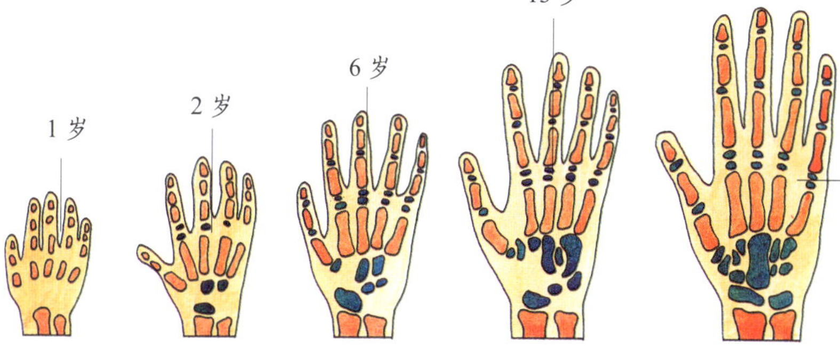

一个男性手骨的生长过程

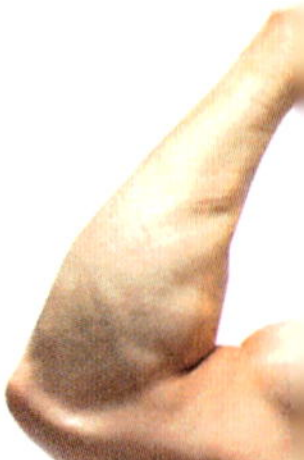

肌肉

在我们的身体里，到处都有肌肉，既包括我们可以捏得到的胳膊和腿部肌肉，也包括我们身体的内部器官如心脏、胃上的肌肉。人体有600多块肌肉，将近占人体重量的一半。

巧妙的肌肉结构

肌肉是由肌纤维及肌细胞构成的。在人体内部，数条至数十条肌纤维集合成一条肌纤维束，肌纤维束外面则包裹着一层膜状的结缔组织，用来保持肌纤维的位置。

人要做各种表情离不开头肌和颈肌。

肌肉的类型

肌肉大小不同，形状各异，主要可以分成三类：一类是位于骨骼上、呈条状的骨骼肌，它占人体重量的2/5左右，另一类是位于内脏器官上的平滑肌，还有一类是位于心脏上的心肌。

肌肉由大脑控制，它能准确无误地收缩或放松，使身体保持平稳。

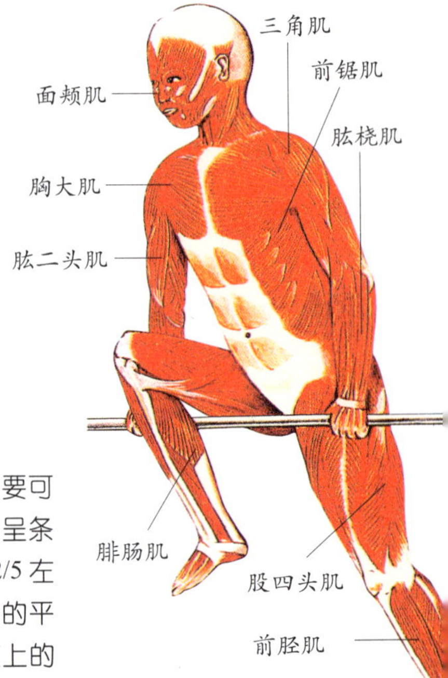

骨骼肌的主要类型

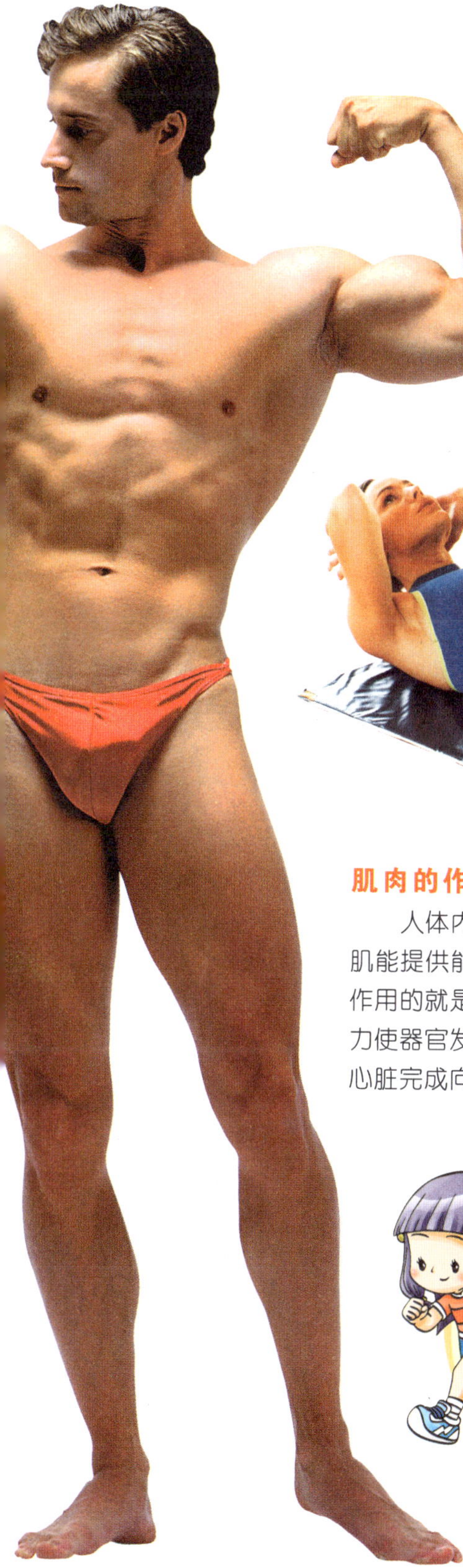

健美运动员全身的肌肉都很发达。

·奇妙大看台·

睡醒后为何全身没劲

我们每天早上刚起床时会觉得浑身没劲，这是因为当人处于睡眠状态时，大脑和肌肉也处于休息状态。醒来时，全身的肌肉还处在一种放松状态中，所以感到无力。

睡眠状态中，人的大脑和肌肉都处于休息状态。

肌肉的拉动使人活动自如。

肌肉的作用

人体内的三种肌肉有不同的作用。其中，骨骼肌能提供能量，使骨骼产生运动。如我们游泳时，起作用的就是骨骼肌。平滑肌可以通过缩短和产生张力使器官发生运动和变形。心肌则不知疲倦地协助心脏完成向全身输血的工作。

打棒球时，大脑将动臂的决定传给肌肉，肌肉收到信号后，会做出相应的伸张。

·奥秘大公开·

肌肉之最

在人体肌肉中，最长的是缝匠肌，它从骨盆向下延伸到膝盖；最大的肌肉是腿上部的臀大肌；最小的肌肉是耳朵内的镫骨肌；运动最快的肌肉是眼睑，它每秒钟可运动5次。

xīn zàng
心脏

zài wǒ men xiōng qiāng zuǒ cè yǒu yī ge qì guān zài pū tōng pū tōng de tiào ge bù tíng nà biàn shì xīn zàng xīn zàng shì rén tǐ nèi shū sòng xuè yè de dòng lì zhōng xīn néng shǐ xuè yè jí shí jiāng yíng yǎng dài dào quán shēn tóng shí dài zǒu fèi wù

在我们胸腔左侧，有一个器官在“扑通扑通”地跳个不停，那便是心脏。心脏是人体内输送血液的动力中心，能使血液及时将营养带到全身，同时带走废物。

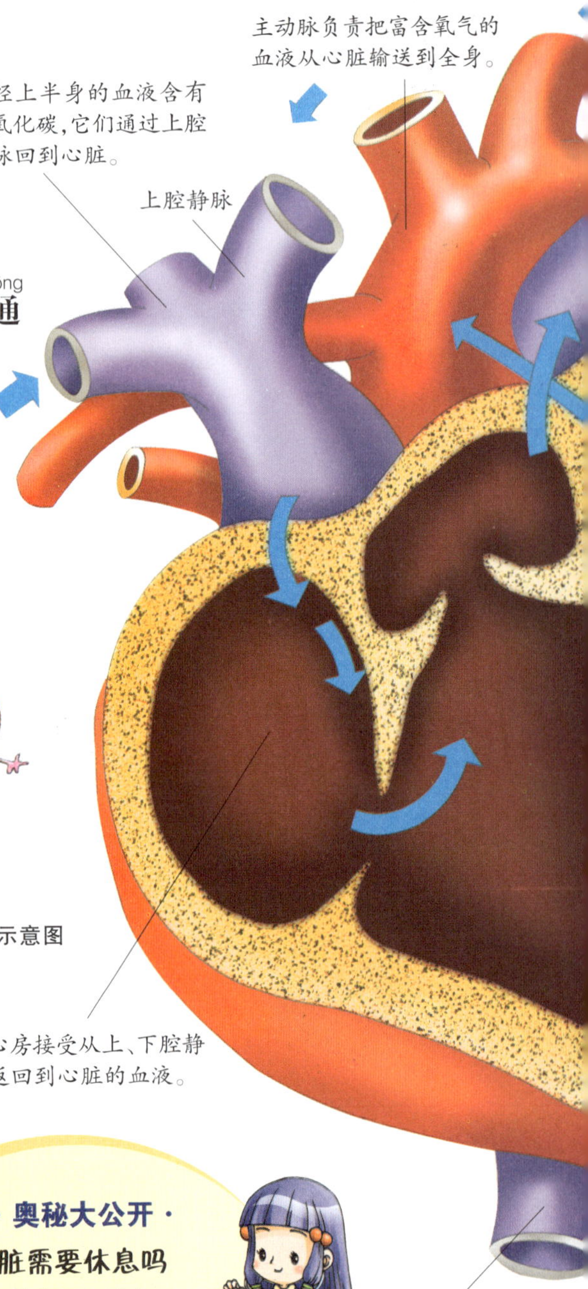

心脏结构示意图

“分房而居”的心脏

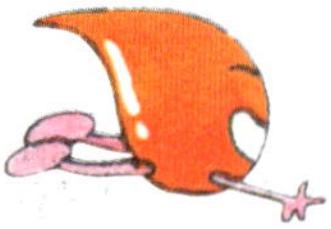

心脏像一个桃子，尖端朝左前方，心底朝右后方。心脏被隔膜分成左右两部分，左半部分位于左上方，右半部分位于右下方。每部分上端都有一个较小的心房，下端则有一个较大的心室。所以说它是“分房而居”的。

一个人的心脏与他的拳头差不多大。

· 奥秘大公开 ·

心脏需要休息吗

心脏需要休息。心脏每 0.8 秒收缩一次，其中，心房收缩用 0.1 秒，心室收缩用 0.3 秒。也就是说，心房有 0.7 秒在舒张，心室只有 0.5 秒在舒张。这舒张的时间便是它们的休息时间。

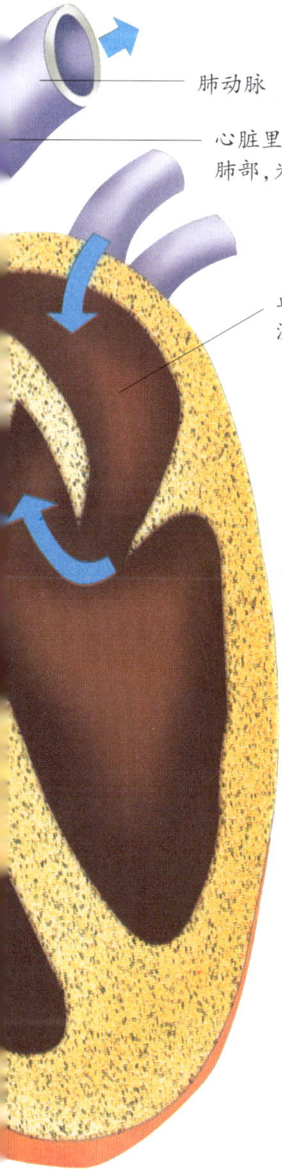

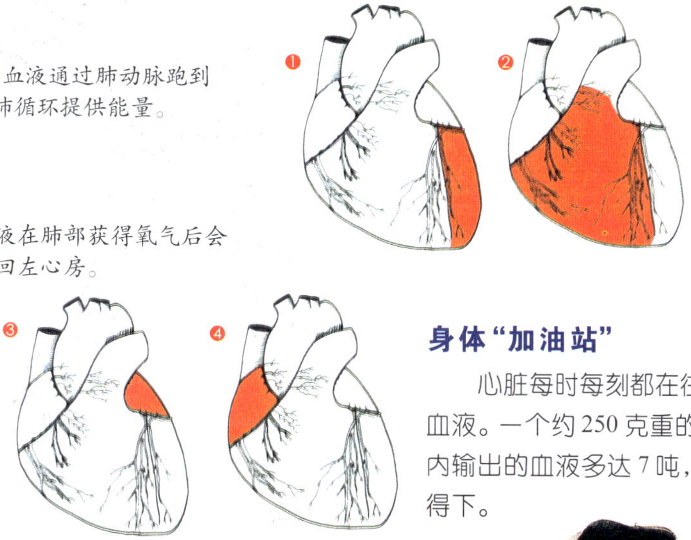

❶ 红色部位是左心室。
❷ 红色部位是右心室。
❸ 红色部分为左心房。
❹ 红色部分为右心房。

身体“加油站”

心脏每时每刻都在往我们的血管里输送新鲜血液。一个约250克重的心脏在一天一夜的时间内输出的血液多达7吨，需要一辆大卡车才能装得下。

·奇妙大看台·

心真的会想事吗

人们常说“心想事成”，其实心是不会想事的，它的工作是为全身输送血液。这是因为古人对人体器官不了解，对心脏功能的误解造成的。

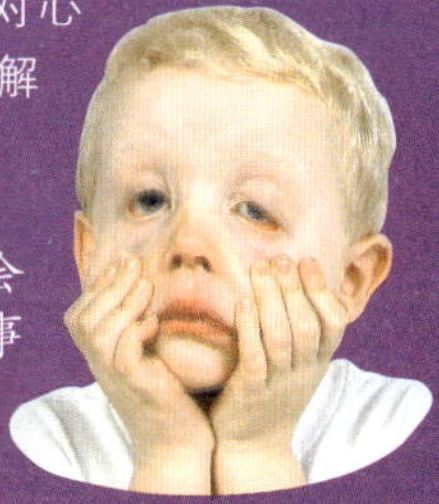

其实心是不会想事的，想事的是大脑。

心脏的位置

心跳

心跳是一个连续不断的过程。血液先从主静脉流入上端的心房，再进入下端的心室。当左右两个心室充满血液后，心肌开始有力收缩，血液受压后由心室流出，进入主动脉。一次心跳完成后，又会开始不断重复的过程。

xuè guǎn
血管

xuè guǎn shì yùn sòng xuè yè de guǎn dào fēn wéi dòng mài
血管是运送血液的管道，分为动脉、
jìng mài hé máo xì xuè guǎn rén de shēn tǐ li dào chù dōu yǒu
静脉和毛细血管。人的身体里到处都有
xuè guǎn tā men jiù xiàng xǔ xǔ duō duō de dà hé xiǎo hé
血管，它们就像许许多多的大河、小河、
xī liú yī yàng bù mǎn le wǒ men quán shēn
溪流一样，布满了我们全身。

动脉血管专门负责将新鲜血液运送到身体各处，使我们精力充沛。

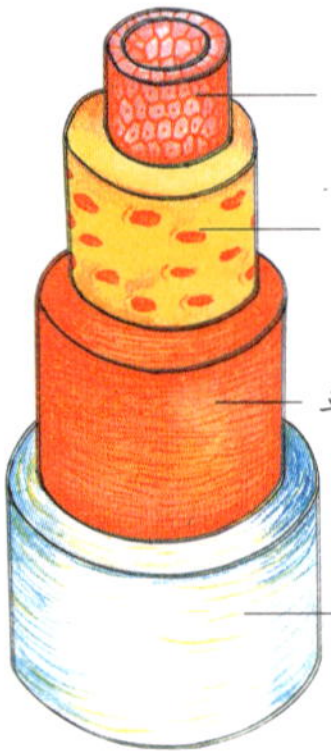

动脉

动脉

动脉有厚厚的可伸缩的血管内壁，它们富有弹性，能承受得住心脏收缩产生的高压。动脉负责把心脏输出的富含氧气的血液输送到身体的各个部分。人体内最粗的动脉是连着心脏的主动脉，最细的动脉细得像缝衣线。

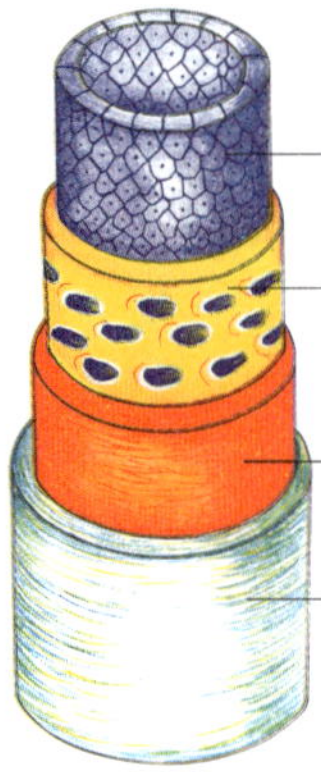

静脉结构

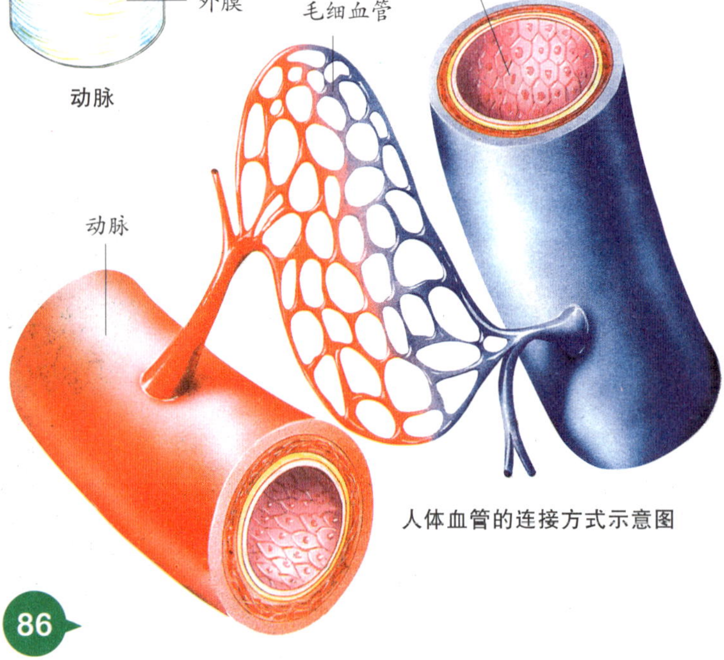

人体血管的连接方式示意图

静脉

静脉包括把血液从身体的各个部分运回心脏的所有血管。由于血液流回静脉时已失去大部分压力，所以静脉血管壁薄而松软。与动脉不同的是，静脉有控制血液单向流动的瓣膜，瓣膜能够阻止血液倒流。

· 奥秘大公开 ·

蓝色的血管

从我们体内流出来的血都是红色的，为什么静脉血管呈蓝色呢？因为静脉里的血含二氧化碳比较多，所以呈暗红色，而透过皮肤来看就像是蓝色的。

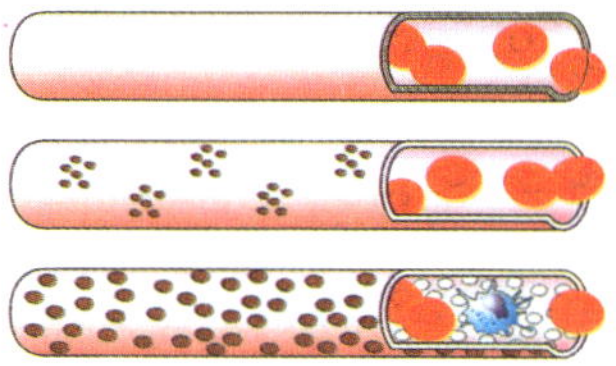

毛细血管可分为连续毛细血管、有孔毛细血管和血窦三种。

毛细血管

毛细血管是连接动脉和静脉的小血管，它遍布人体各个组织中。它们的直径很小，仅能容纳一个红细胞通过。毛细血管很薄，由单层细胞构成，它能使氧气、养分等物质渗出毛细血管壁，进入细胞。

毛细血管

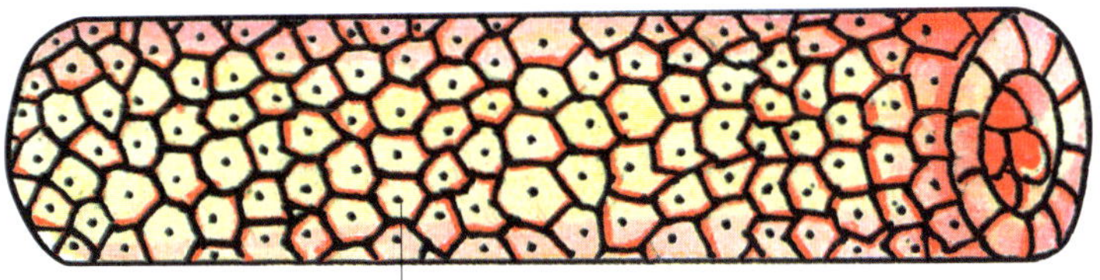

由单层细胞构成的管壁

· 奇妙大看台 ·

人有多少条血管

如果把像大拇指粗的血管、头发丝那么小的血管及肉眼看不见的毛细血管都加起来，一个成年人有上千亿条血管。如果把它们连接起来，其长度足以环绕地球赤道两周半！

我们的血管如此之长，太令人惊奇了！

脉搏即动脉血管的收缩。小孩脉搏的跳动要比成人稍快。

胃

wèi

wèi shì rén tǐ nèi zuì dà de xiāo huà qì guān wèi wèi yú shàng fù de zhèng zhōng bù xíng zhuàng xiàng yī ge dà qié zi wèi kě yǐ shōu suō yě kě yǐ kuò dà tā de xíng zhuàng huì suí zhe shí wù de duō shǎo ér gǎi biàn

胃是人体内最大的消化器官。胃位于上腹的正中部，形状像一个大茄子。胃可以收缩也可以扩大，它的形状会随着食物的多少而改变。

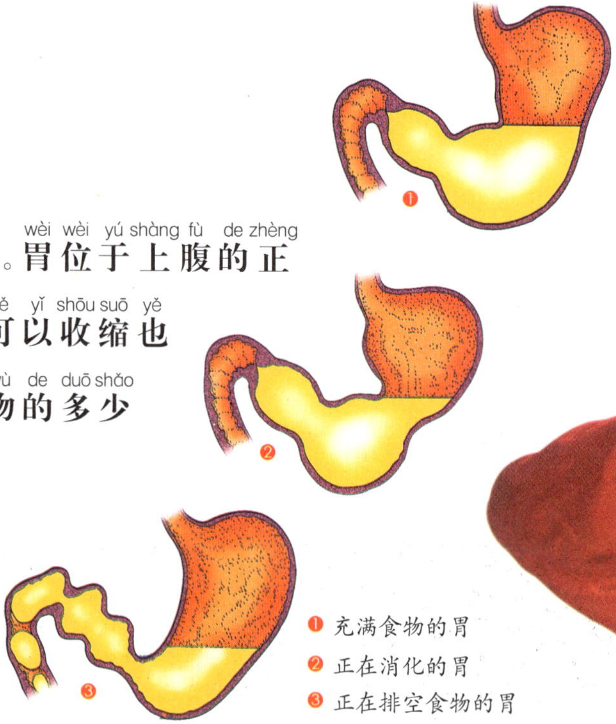

❶ 充满食物的胃
❷ 正在消化的胃
❸ 正在排空食物的胃

胃的结构

胃上接食管，下连小肠。在食管与胃连接的地方有块肌肉叫贲门，中间是胃体，下面还有一个幽门，连接着胃和小肠。胃体的内壁上布满了肌肉，弹性非常大，食物进入胃里，胃壁会慢慢扩张。胃肌是胃的主要组成部分。

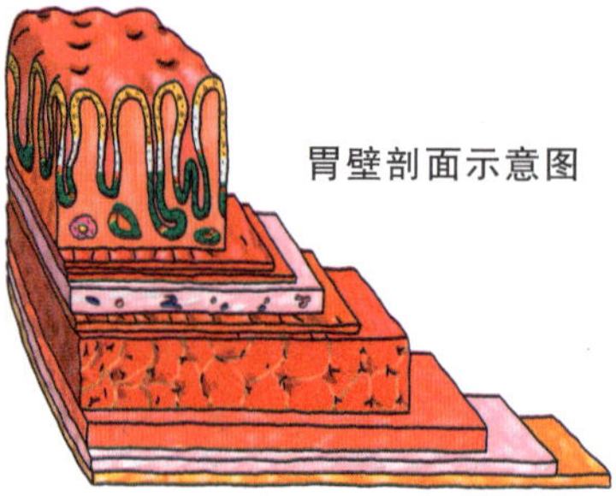

胃壁剖面示意图

胃的结构示意图

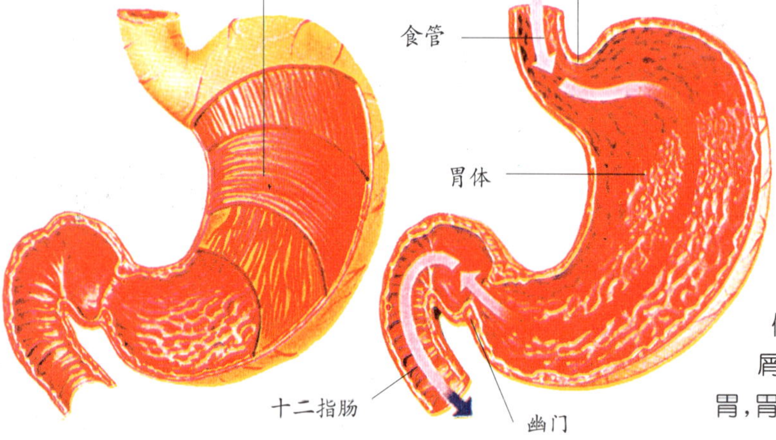

神奇的胃液

我们的胃分泌出来的胃液呈酸性，具有强烈的腐蚀作用。它不仅能消化蔬菜、面食，也能消化肉类和脂肪，连铁也能消化掉。即使锅、盆、勺子等上面的铁屑和饭菜一起进入我们的胃，胃酸也能将它分解。

当我们咽下食物时，贲门张开；当食物进入后，贲门关闭，所以食物不会倒流出来。

惊人的消化量

我们的胃像一个神奇的无底洞，怎么也填不满。水只能停留 2～3 分钟，蔬菜 2～3 小时，肉类食物最多能在胃里呆上 5～6 个小时。所以最多过 6 个小时，我们就必须往胃里添加食物了。

我们的胃十分"贪吃"，总是填不满。

食物的消化过程

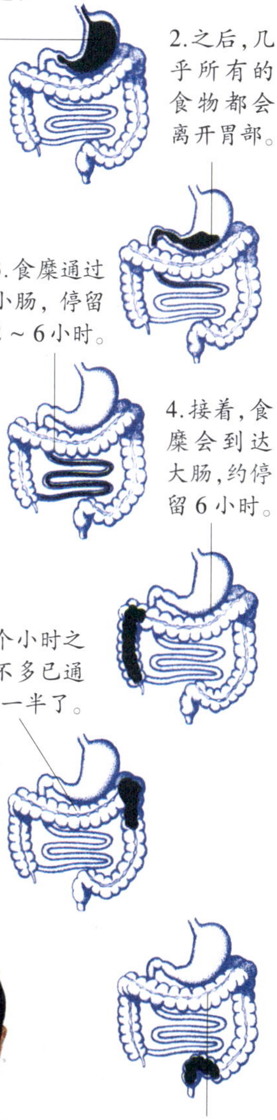

·奥秘大公开·

胃液会把胃消化掉吗

胃液的消化功能那么强，为什么没有把胃壁消化掉呢？胃液当然也能腐蚀胃壁，但胃能分泌出一种果冻状黏液附着在胃壁上，起保护胃壁的作用，所以胃不会被消化掉。

胃的消化过程

食物进入胃后，胃部的肌肉不停地蠕动，将食物磨成了粉末，还使食物与胃液搅拌到了一起，将食物变成奶油状的液体，即食糜。接着，这种液体通过幽门进入肠道，胃的工作就完成了。

一边吃东西一边看书不利于消化。

gān hé dǎn
肝和胆

gān hé dǎn dōu shì xiāo huà xì tǒng zhōng de zhòng yào qì guān tā men
肝和胆都是消化系统中的重要器官。它们
de wèi zhi hěn jìn gān zàng suǒ chǎn shēng de zhī yè chǔ cún zài dǎn náng nèi
的位置很近，肝脏所产生的汁液储存在胆囊内，
suǒ yǐ wǒ men cháng yòng gān dǎn xiāng zhào lái shuō míng èr zhě de guān xi
所以我们常用“肝胆相照”来说明二者的关系。

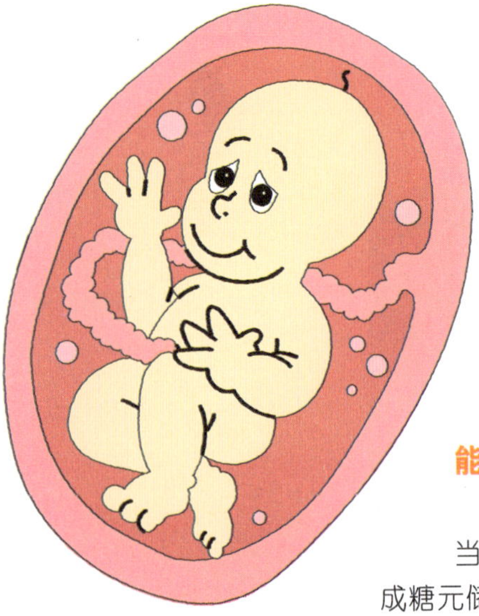

肝脏是胎儿的造血器官。

能量中转站——肝脏

肝脏位于腹腔的右上方，它是人体的能量中转站。当身体摄入的糖类物质过多时，肝脏会将过多的糖转换成糖元储存起来。当身体缺乏能量时，肝脏又会将储存的糖元分解成人体能吸收的物质，为人体的活动提供能量。

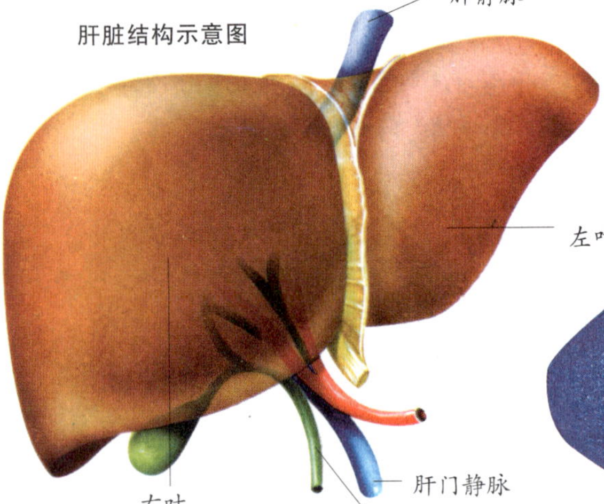

肝脏结构示意图

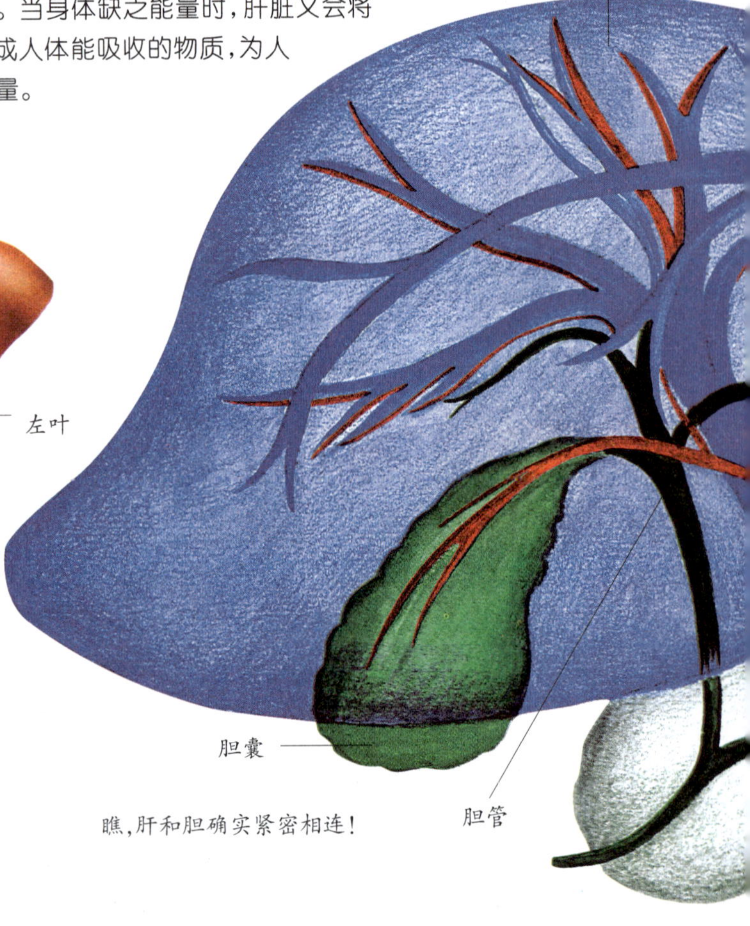

瞧，肝和胆确实紧密相连！

肝脏的排毒功能

肝脏是人体内最大的排毒器官。我们所吃的食物中会带着某些有毒物质，有些食物在肠道消化过程中也会产生毒性物质。当这些物质到达肝脏时，肝脏就会将它们转化为无毒物质。比如啤酒中的酒精会对人体造成危害，肝脏就能将它从血液中清除。

肝脏功能示意图

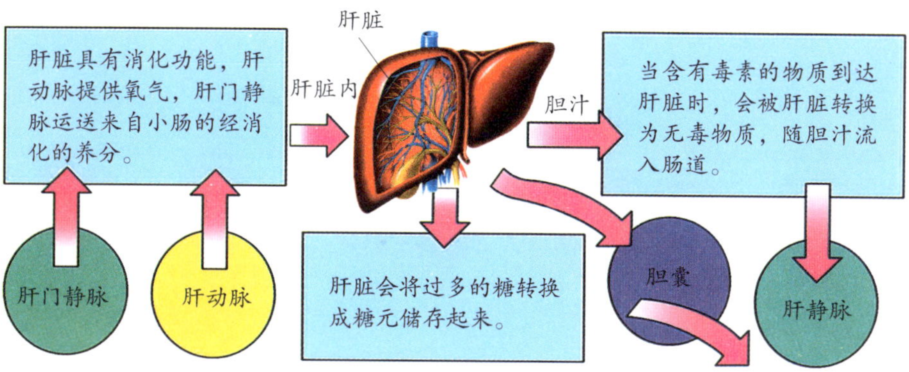

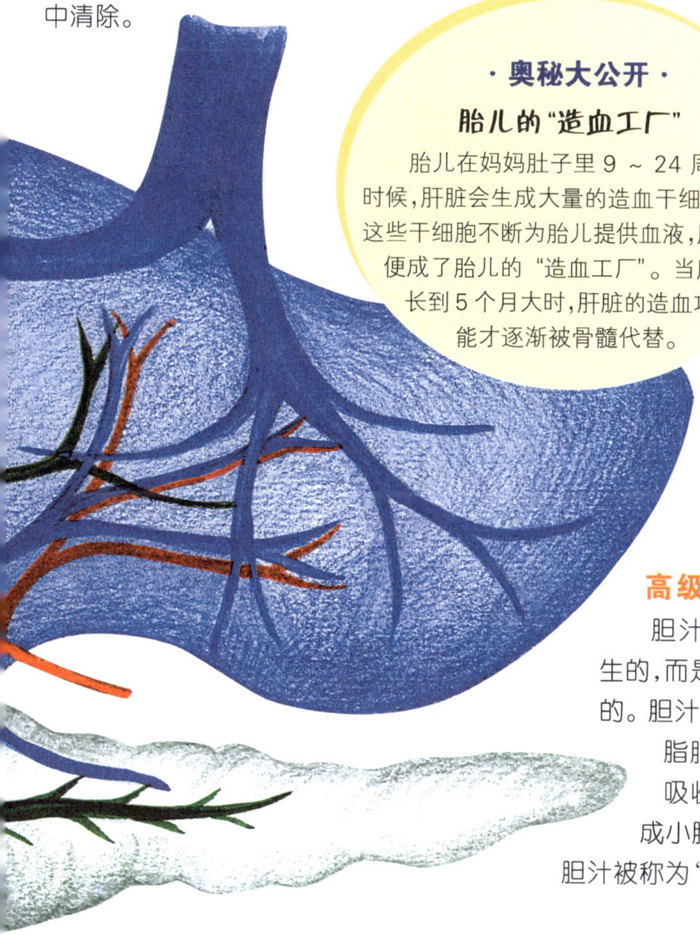

·奥秘大公开·

胎儿的"造血工厂"

胎儿在妈妈肚子里 9 ~ 24 周的时候，肝脏会生成大量的造血干细胞，这些干细胞不断为胎儿提供血液，肝脏便成了胎儿的"造血工厂"。当胎儿长到 5 个月大时，肝脏的造血功能才逐渐被骨髓代替。

胆囊位于肝脏下面的胆囊窝内，大小和形状都像一个小梨。胆囊的作用是浓缩和贮存胆汁。

高级乳化剂——胆汁

胆汁并不是从胆囊中产生的，而是由肝细胞分泌出来的。胆汁很苦，主要任务是消化脂肪。脂肪是食物中最难被吸收的，而胆汁能把脂肪分解成小脂肪滴，便于人体吸收，所以胆汁被称为"高级乳化剂"。

xiǎo cháng

小肠

小肠是一根弯弯曲曲、长达6～7米的管道。当食物经过胃揉搓和搅拌进入小肠时，它还处于半消化状态。最终，它们会在小肠里进行彻底的消化和吸收。

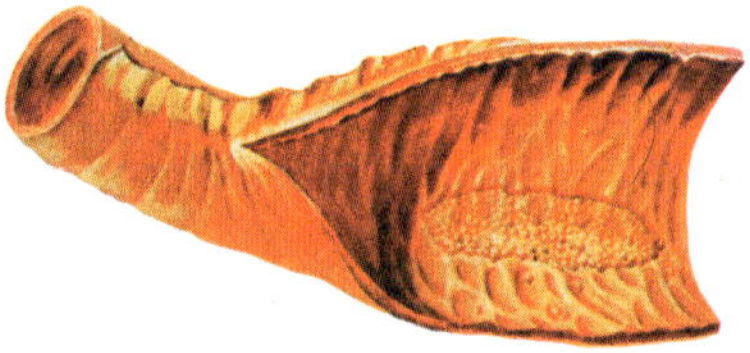

空肠

回肠

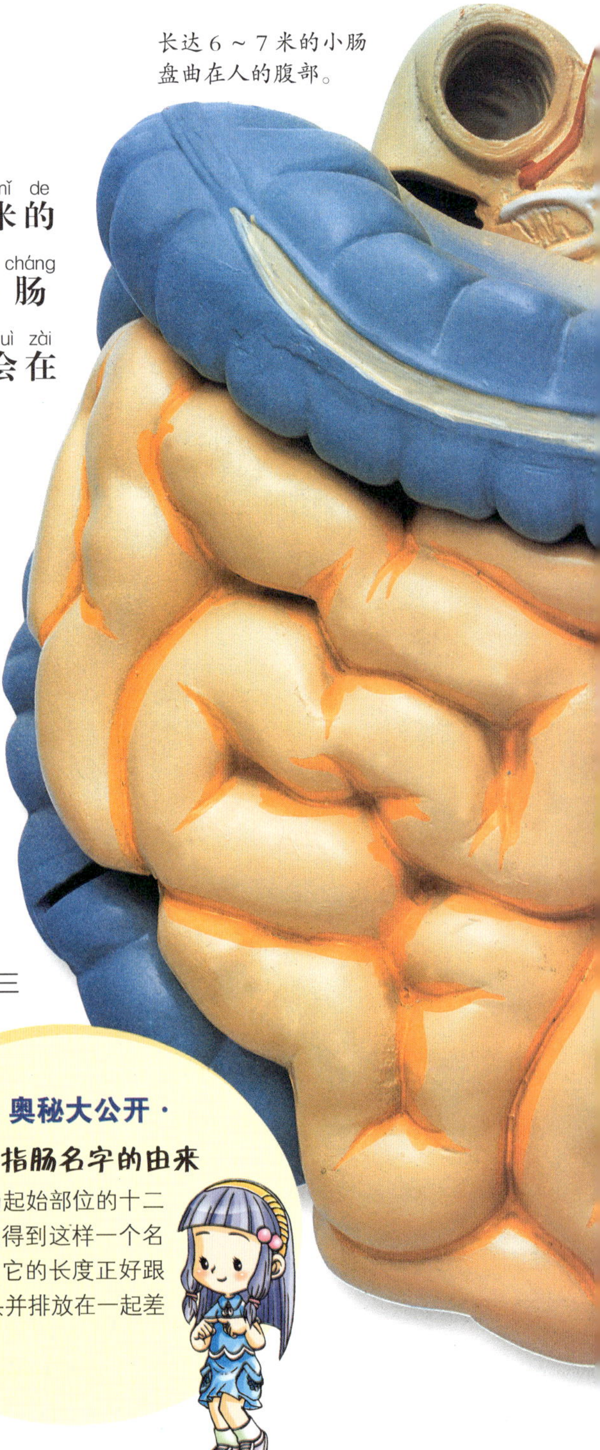

长达6～7米的小肠盘曲在人的腹部。

小肠的组成

小肠是消化系统中最长的一段，长约6米，盘曲在人体的下腹部。它上接幽门，下连盲肠，从上到下可以划分为三部分：十二指肠、空肠和回肠。十二指肠下面便是空肠，空肠紧连着回肠。

如果把小肠摊开，小肠的长度相当于人身高的4倍！

·奥秘大公开·

十二指肠名字的由来

作为小肠起始部位的十二指肠，之所以得到这样一个名字，是因为它的长度正好跟12根指头并排放在一起差不多。

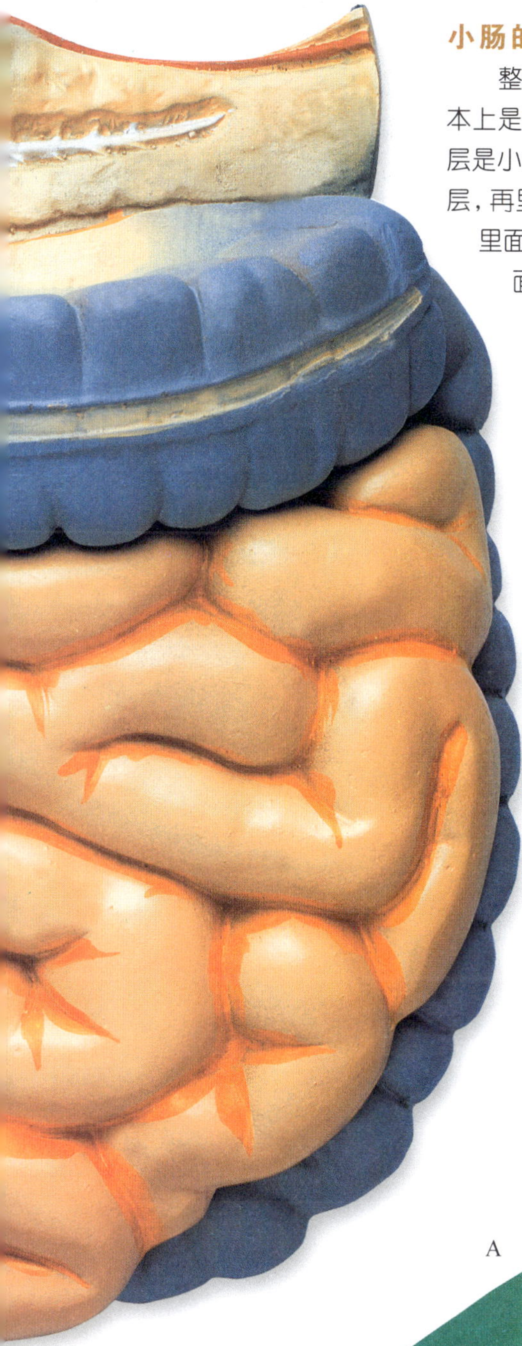

小肠的内部结构

整个小肠的各部分结构基本上是相同的，分为四层。最外层是小肠的表层，紧接着是肌肉层，再里面是小肠内膜层，这层里面有丰富的毛细血管，最里面一层是绒毛层。

小肠解剖图

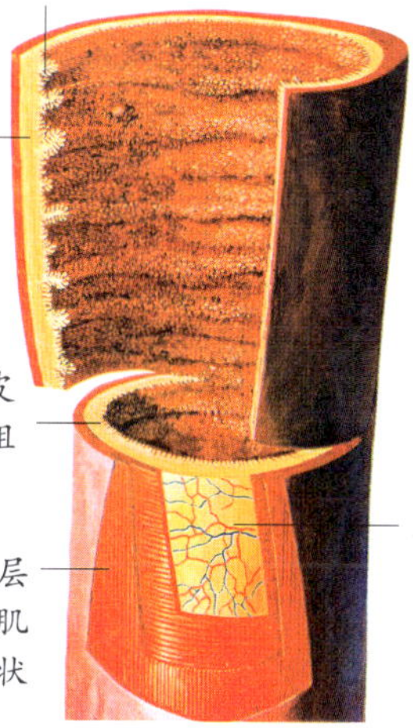

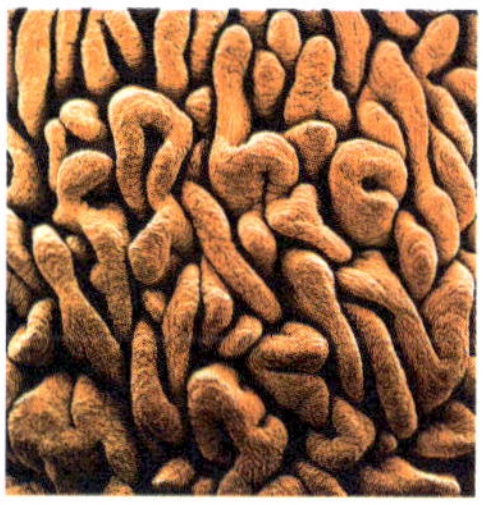
放大了的小肠内壁

小肠内的消化和吸收

随着小肠的蠕动，小肠内分泌的液体把食物中的蛋白质、碳水化合物、脂肪等营养物质分解得更细小，小到足以透过肠壁进入毛细血管或毛细淋巴管，从而进入血液，被身体利用。消化不了的残渣，就会进入大肠。

从A到E的过程中，消化酶把食物分解得越来越细小，使小肠更容易吸收。

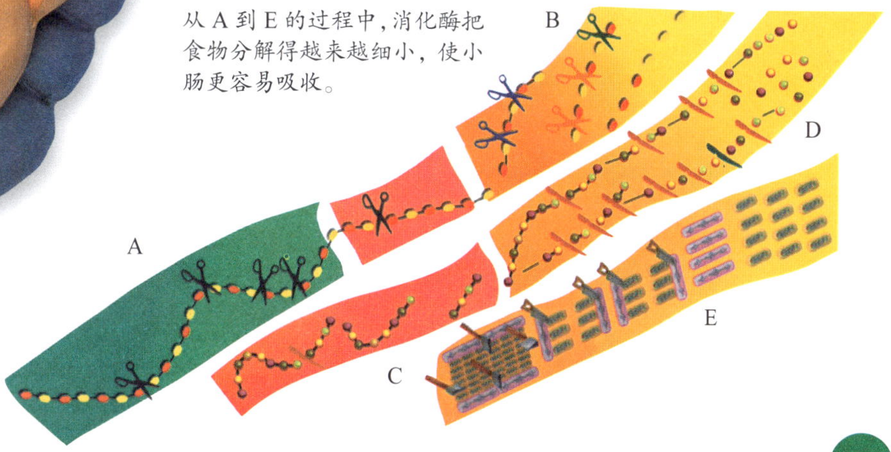

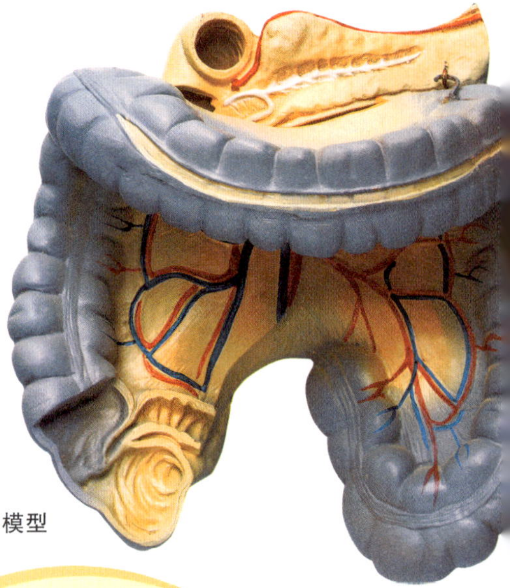

dà cháng
大肠

dà cháng shì xiāo huà guǎn de mò duàn yǔ xiǎo cháng jǐn mì xiāng
大肠是消化管的末段，与小肠紧密相
lián shì xī shōu shuǐ fèn xíng chéng fèn biàn de cháng dào yī ge chéng
连，是吸收水分、形成粪便的肠道。一个成
nián rén de dà cháng yǒu mǐ cháng
年人的大肠有1.5~1.8米长。

大肠结构模型

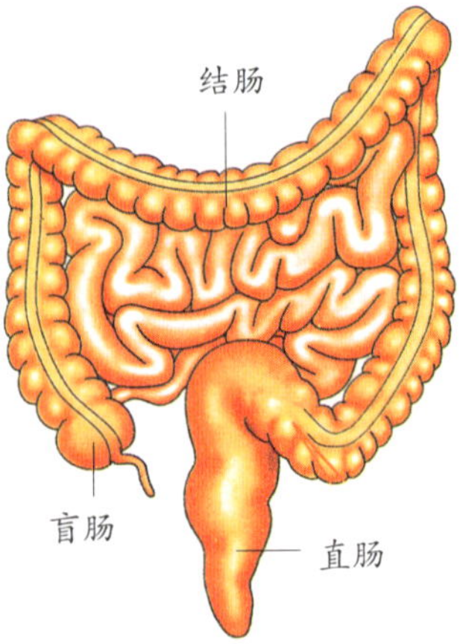

大肠结构示意图

大肠的外形

我们把肠分成大肠和小肠，大肠有1.5～1.8米长，比小肠短。它之所以叫大肠，是因为它比小肠粗得多。小肠的直径只有2.5厘米，而大肠的直径约为7.5厘米。

·奥秘大公开·

为什么不要憋大便

有些小朋友在上课时想大便，但不敢说，就一直憋着，这是不好的。如果粪便在大肠里停留的时间过长，其中的水分就会被吸收掉，大便变得又干又硬，而且排完后肛门会很疼，时间长了还容易得便秘等疾病。

大肠切面

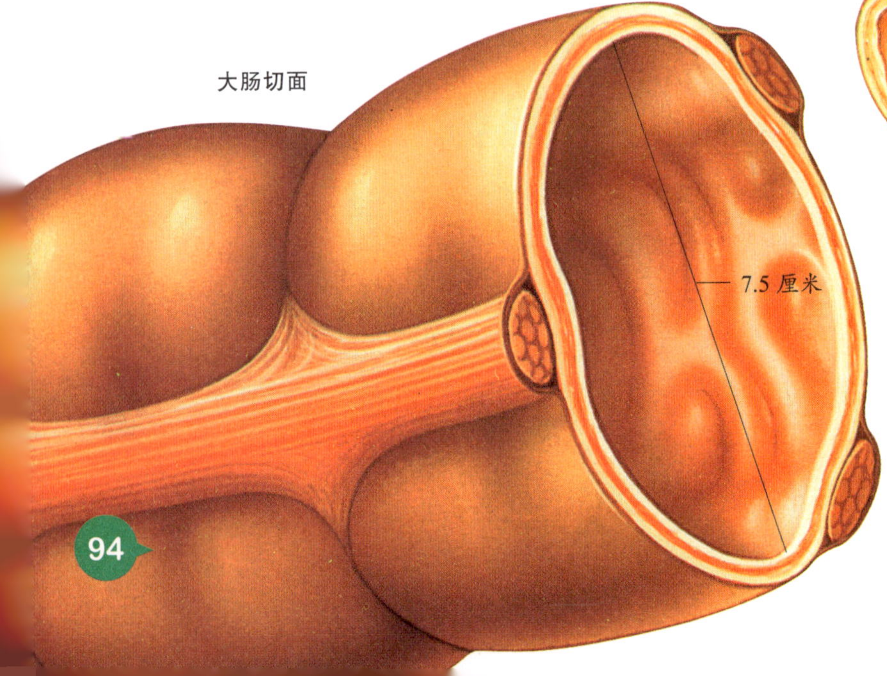

大肠的结构

大肠由盲肠、结肠和直肠三部分组成。盲肠是大肠的起始段。中间的结肠是大肠的主体部分，负责对食物残渣作最后处理，形成粪便。直肠是大肠的最后一段，它最底下那截就是肛门。

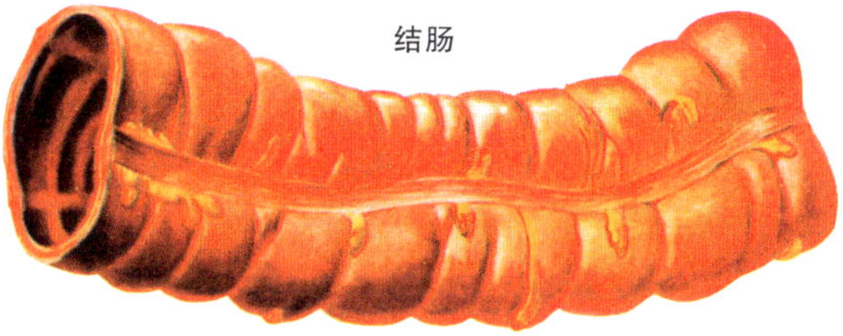

食物残渣进入大肠后，由液状到半流动状、糊状、半糊状，最后形成硬便。

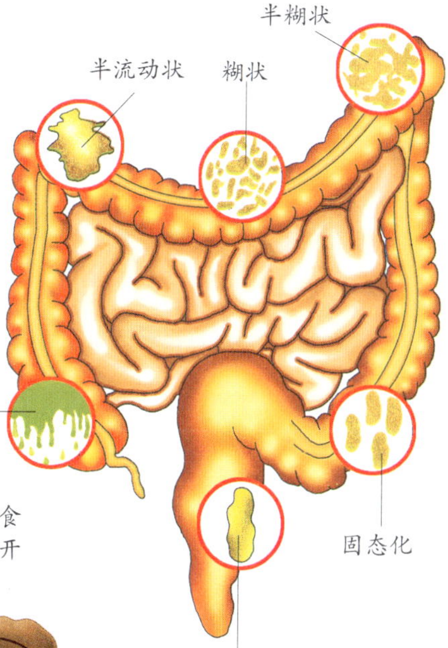

大肠菌群

在大肠里面寄生着数十亿个细菌，主要以大肠中的物质为食。其中的一些细菌可算细菌王国中的“良好公民”了，它们能制造出人体需要的维生素 B 和维生素 K，虽然产量不高，但一旦食物中缺少维生素，这些细菌就显得很重要了。

排便是人体排泄中一项重要的事情。

结肠处理食物残渣时进行的运动示意图

大肠的功能

大肠是消化系统的最后一部分。食物经过胃和小肠，就只剩下水和一些纤维素没有被消化。当它们通过大肠时，水分被吸收到血液里，纤维素则被排出体外了。

·奇妙大看台·

大便为什么这么臭

我们吃进去的食物那么香，可排出来的“便便”为什么会那么臭呢？原来，那些消化不了的食物残渣被送入大肠后，大肠里有很多腐败菌，使残渣变臭。当这些残渣从肛门排出来的时候，就臭不可闻啦！

fèi hé qì guǎn
肺和气管

wǒ men měi shí měi kè dōu xū yào hū xī hū xī lí bù kāi fèi
我们每时每刻都需要呼吸，呼吸离不开肺
hé qì guǎn fèi zài rén tǐ de xiōng bù jǐn āi zhe xīn zàng de wèi zhi
和气管。肺在人体的胸部紧挨着心脏的位置，
shì rén tǐ hū xī xì tǒng zhōng zuì zhòng yào de qì guān qì guǎn zé shì
是人体呼吸系统中最重要的器官。气管则是
fèi tōng xiàng wài jiè de bì yóu zhī lù
肺通向外界的必由之路。

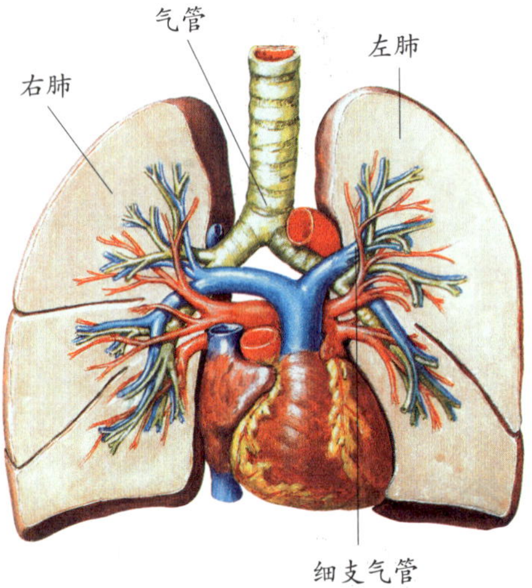

肺的结构示意图

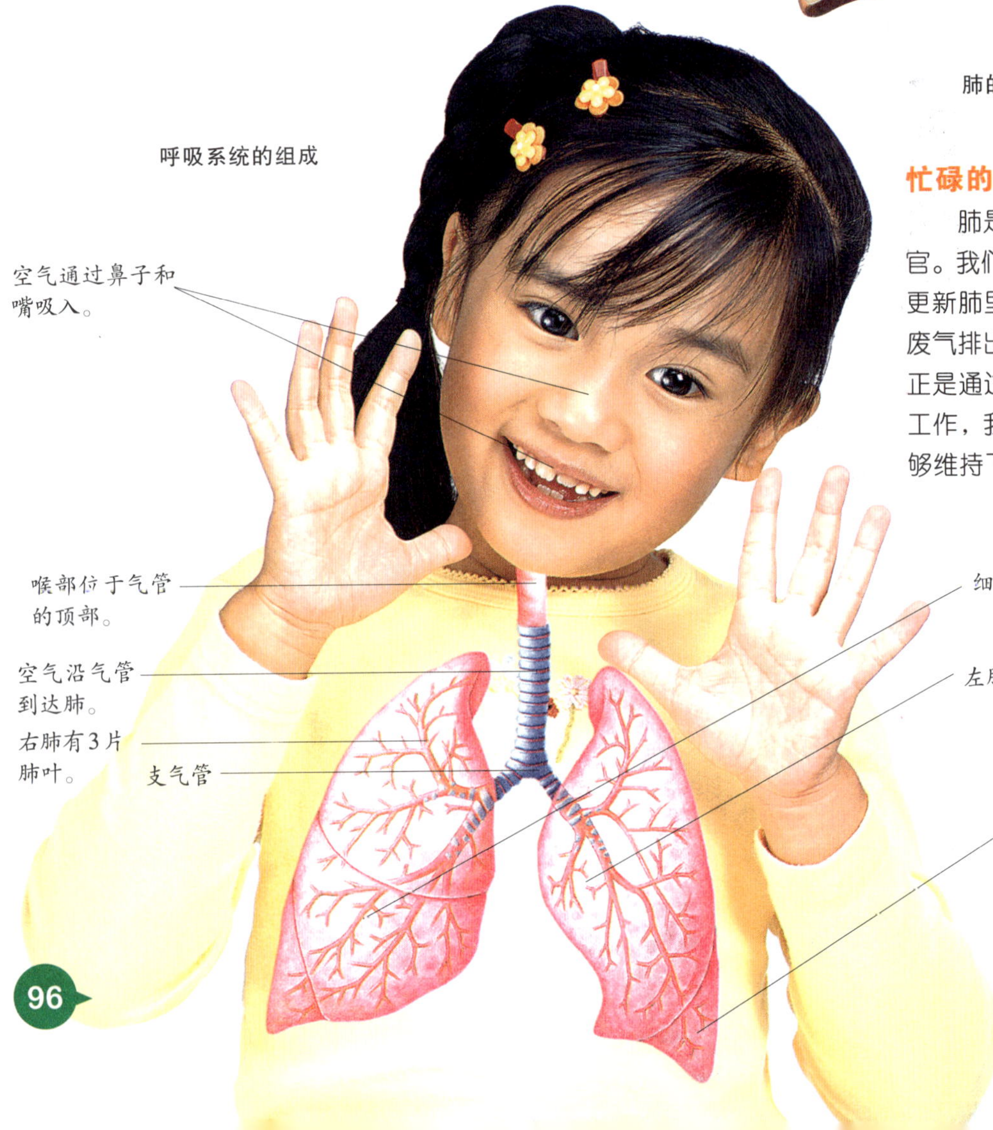

呼吸系统的组成

忙碌的肺

肺是一个装满空气的器官。我们需要不断地呼吸以更新肺里的气体，将其中的废气排出，吸入新鲜的空气。正是通过肺这样连续不断的工作，我们的生命活动才能够维持下去。

奇妙的肺泡

肺分为左肺和右肺，它们看起来像两个柔软的海绵袋子。每个肺里都包含着许多微小的肺泡。肺泡是居住在肺里的微小空气囊，数量有3亿多个呢。若将这些肺泡全部铺平，面积比半个网球场还要大。

肺泡

吹乐器时，要吸很多气。

·奥秘大公开·

人工呼吸

对于一些因溺水、触电而暂停呼吸的病人，可用人工呼吸进行抢救。先让病人平躺下来，把他鼻子和嘴里的脏东西清理掉，再紧紧捏住病人的鼻孔，向他的嘴吹气，这样，病人的呼吸就有可能恢复。

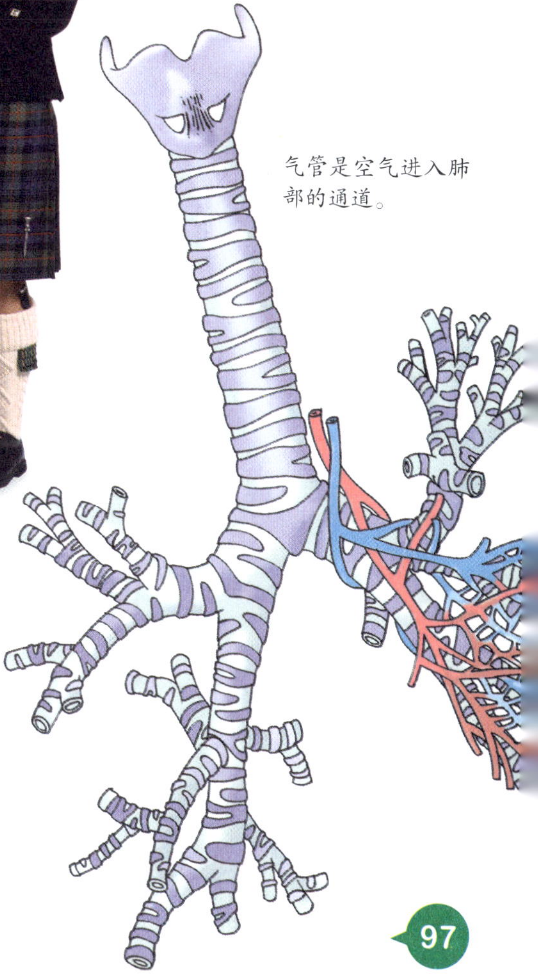

气管是空气进入肺部的通道。

气管

气管是一种富有弹性的管道，它由环状的软骨组成，看起来像英文字母“C”。在肺里面，气管又分列成两个支气管。支气管的样子与气管很相似，但要比气管更细、更薄。支气管又可以分为许许多多更小的细支气管。

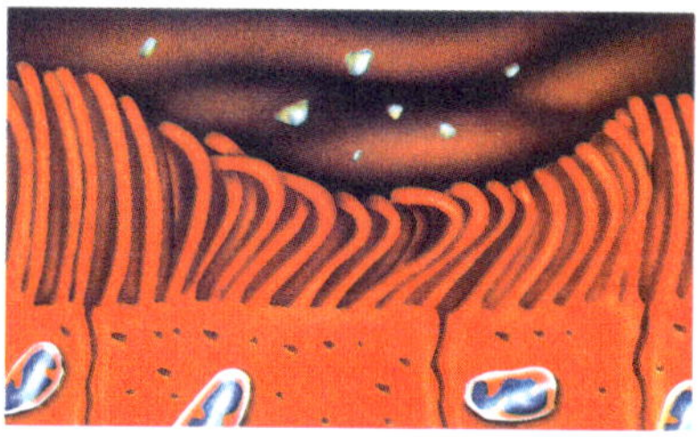

肺在吸气时扩大，呼气时缩小。它不停地吸进氧气，排出二氧化碳，像气体交换的中转站。

shèn zàng
肾脏

xiǎo péng yǒu měi tiān dōu huì sā jǐ cì niào zhè
小朋友每天都会撒几次尿，这
shì yīn wèi tǐ nèi chǎn shēng de fèi yè chú le shǎo
是因为体内产生的废液，除了少
liàng zài chū hàn shí pái chū tǐ wài, dà bù fen
量在出汗时排出体外，大部分
dōu yǐ niào de xíng shì pái chū shèn zàng
都以尿的形式排出。肾脏
jiù shì rén tǐ nèi zhì zào niào yè de
就是人体内制造尿液的
qì guān
器官。

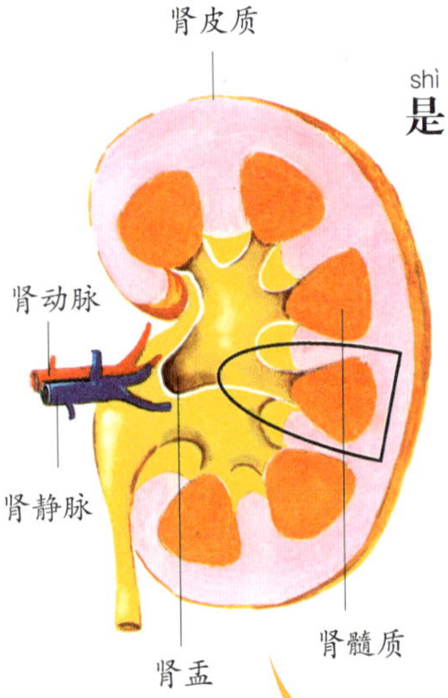

肾脏的组织构造示意图

人身体中的废物要及时排出来哦！

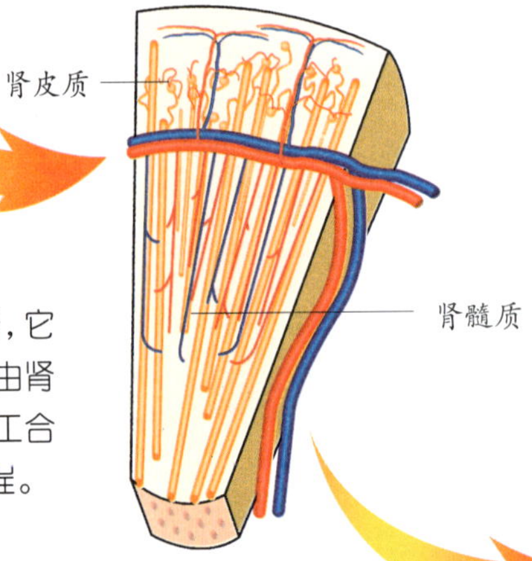

肾的结构

在我们腰的两边，各有一只肾，它们看起来很像“蚕豆”。肾脏主要由肾皮质、肾髓质和肾盂组成，它们分工合作，共同完成制造、运输尿液的过程。

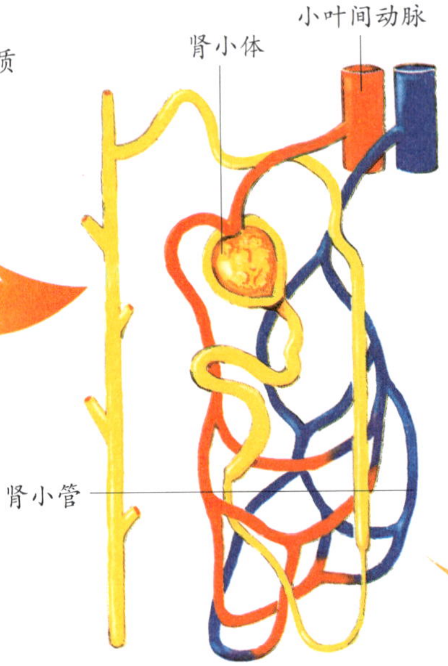

肾单位

人的每一个肾里都有100万个左右的肾单位，我们体内的尿液就是它们产生的。肾单位由肾小体和肾小管组成。肾小体负责对血液中的液体进行收集和过滤，而对人体有用的物质则被肾小管运回血液中。

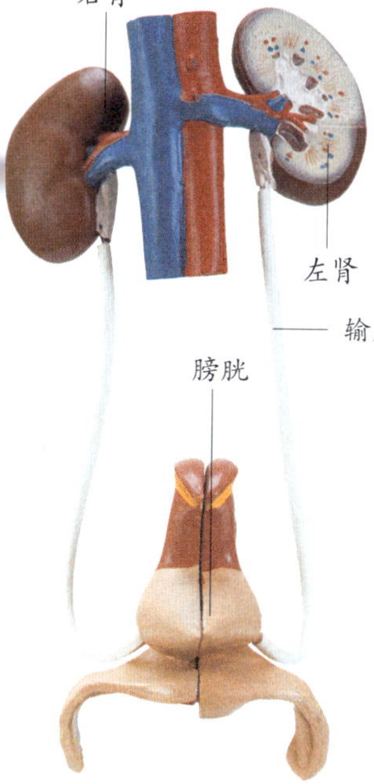

· 奥秘大公开 ·

尿为什么是黄色的

小朋友，你有没有想过，有时候撒出来的尿为什么特别黄？这是因为尿液里有一种黄色的废物，如果人喝水太少，进入尿里的水也随着减少，无法把这种黄色废物冲淡，排出来的尿就显得很黄了。

如果水喝得太少，排出的尿液就会比较黄。

神通广大的肾

除了产生尿液，排出废物外，肾脏还有很多的本领。例如，当血液中的酸性或碱性物质太多时，肾脏会自动把多余的部分排出体外。另外，肾还能使血液中的各种成分，如葡萄糖、维生素等保持一定数量，既不会太多也不会太少。

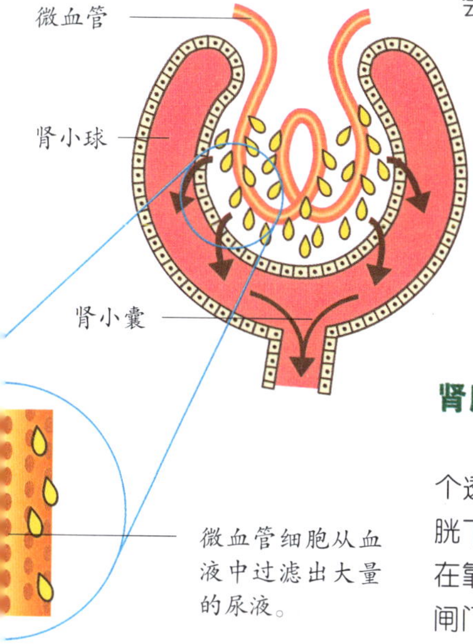

微血管细胞从血液中过滤出大量的尿液。

肾脏与排泄

尿液由两只肾产生后，会流入一个透明而有弹性的袋子——膀胱。膀胱下面有一根可以通向体外的尿道，在靠近尿道出口的地方，有一束像小闸门一样的肌肉，当膀胱存满了尿液时，大脑就会发出打开“小闸门”的命令。于是，尿就被排出体外了。

· 奇妙大看台 ·

为什么切除一只肾仍能活

为什么有些人切除了一只肾后，仍然能够活下去呢？因为当人被切除一只肾后，仍有一只健康的肾，这只肾照样可以帮助人完成排尿和解毒等工作。

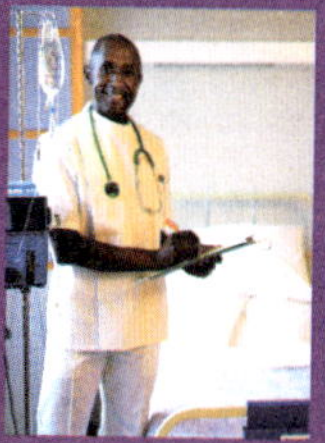

如肾脏切除手术操作成功，就不会威胁人的生命。

shén jīng hé jǐ suǐ
神经和脊髓

jiǎ rú nǐ bù xiǎo xīn bèi tàng le yī xià huì gǎn dào téng tòng zhè shì yīn
假如你不小心被烫了一下，会感到疼痛，这是因
wèi zài wǒ men de shēn tǐ li biàn bù zhe shén jīng tā néng gòu tōng
为在我们的身体里遍布着神经，它能够通
guò jǐ suǐ bǎ xìn hào chuán shū gěi nǎo yīn ér wǒ men jiù
过脊髓，把信号传输给脑，因而我们就
zhī dào nǎ lǐ téng le
知道哪里疼了。

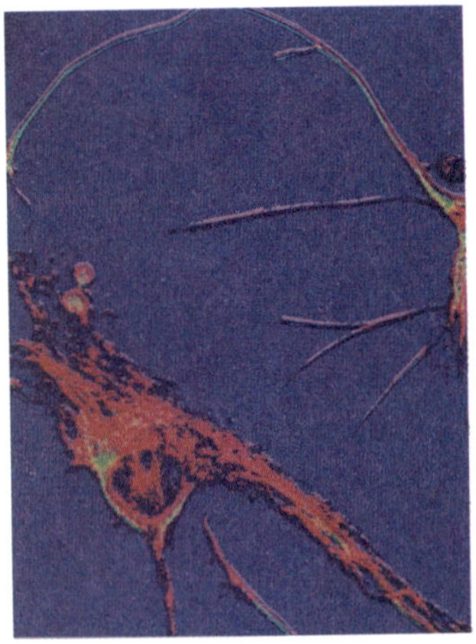

显微镜下最早观察到的神经细胞

神经将人体各部分信号传达给脑。

神经细胞

神经细胞又叫神经元，是人体中最特殊的细胞。它负责接收从其他神经细胞、肌肉等方面传来的信息，或者将信息传递给它们。典型的神经细胞由细胞体、一条长的轴突和多条短的树突组成。

神经细胞的结构

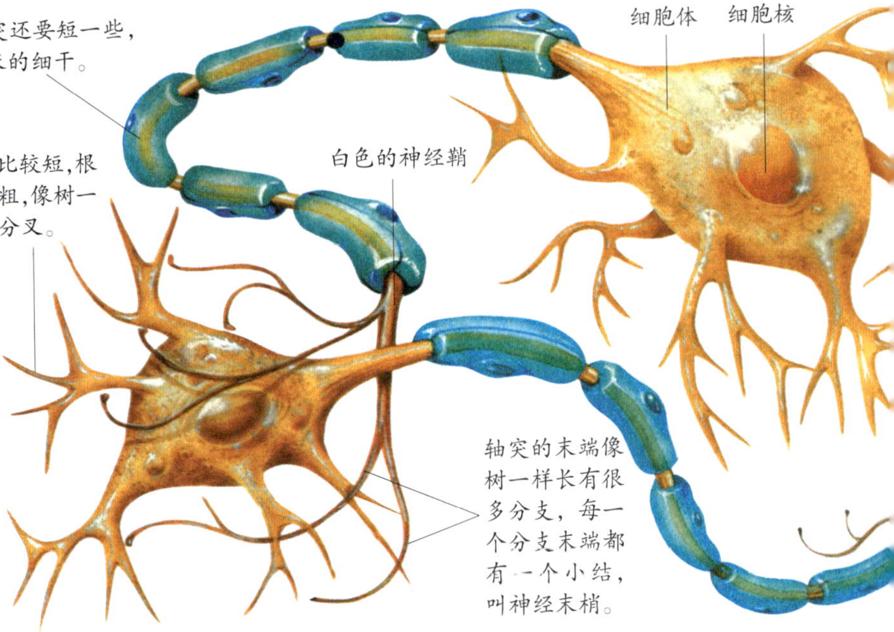

神经细胞的作用

神经细胞的作用可大啦！它不仅能将各种感觉传输给大脑，还能完成对信息的处理等工作。比如，当你的眼睛看到桌上放着一盘可口的饭菜，鼻子也闻到饭菜的香味时，位于眼睛和鼻子里的神经就会把信息传递给大脑，大脑就会对手发出拿起饭菜的命令。

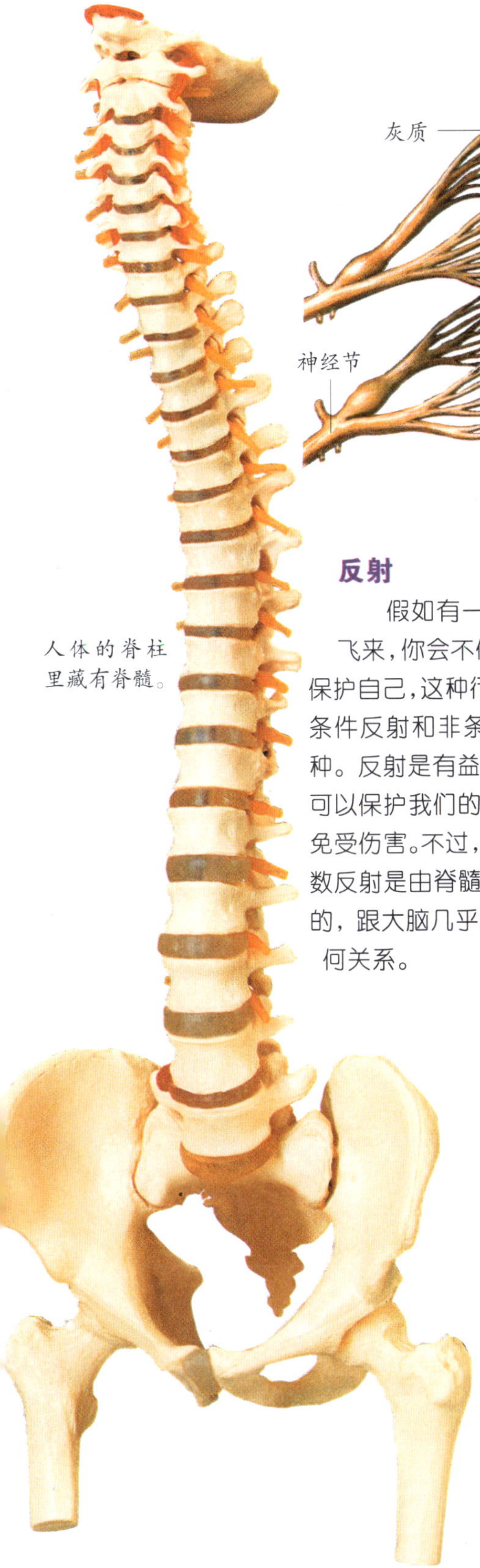

人体的脊柱里藏有脊髓。

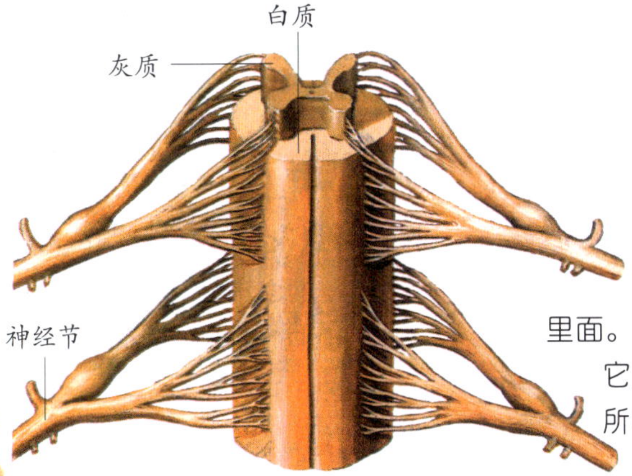

脊髓的构造

信息高速路——“脊髓”

在我们背部正中的位置，有一根从上到下的骨头，即脊柱。脊柱是一根空心的管子，脊髓就藏在它里面。脊髓里汇集着几百万个神经细胞，它负责在脊神经和脑之间传递信息，所以人们又称其为“信息高速路”。

反射

假如有一个小东西朝你的眼睛飞来，你会不假思索地闭上眼睛，以保护自己，这种行为就是反射。反射分条件反射和非条件反射两种。反射是有益的，它可以保护我们的身体免受伤害。不过，大多数反射是由脊髓控制的，跟大脑几乎没有任何关系。

食物的色香味能引起一系列的神经冲动，使人产生拿取食物的动作，并进一步完成吃掉食物的动作。

·奥秘大公开·

望梅止渴

三国时，曹操带领将士出征，由于天气炎热，将士们又累又渴。曹操只好骗大家说前面有一片梅林，将士们一听，直流口水，连忙往前赶。望梅止渴就是一种条件反射。

·奇妙大看台·

巴甫洛夫的实验

生物学家巴甫洛夫曾经在狗的身体里装上管子进行研究。他发现，只要听到经常喂它的人的脚步声，狗就会流口水。后来他每次喂狗时都摇铃。不久他又发现只要听到摇铃声，狗就会流口水。这种现象就是条件反射。

巴甫洛夫

脊髓能够将来自身体的痛觉传达给大脑。

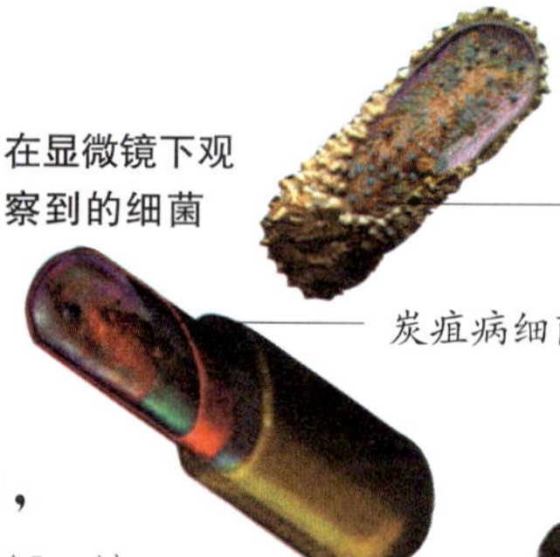

miǎn yì xì tǒng

免疫系统

wǒ men zhōu wéi yǒu hěn duō néng yǐn qǐ jí bìng de wēi shēng wù
我们周围有很多能引起疾病的微生物，
rú bìng jūn bìng dú děng dàn wǒ men què bìng bù shì měi tiān dōu huì shēng bìng
如病菌、病毒等，但我们却并不是每天都会生病，
yīn wèi zài wǒ men tǐ nèi yǒu yī tào yán mì de fáng yù cuò shī jí
因为在我们体内有一套严密的防御措施，即
miǎn yì xì tǒng tā yóu xì bāo hé xì bāo zǔ chéng
免疫系统。它由T细胞和B细胞组成。

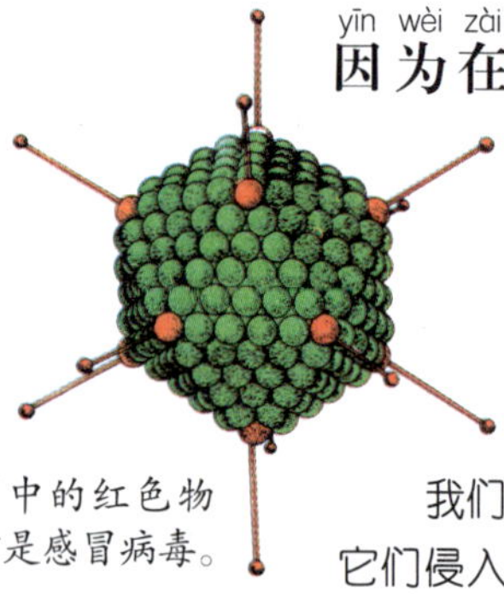
图中的红色物质是感冒病毒。

身体内的“敌人”

我们之所以会生病，完全是因为有一些外来的“敌人”，它们侵入我们的身体，并“袭击”我们。其中有些细菌、病毒、真菌和原生物等病原体，是让我们生病的罪魁祸首。

我们喉咙发痒或眼睛流泪都是免疫系统在努力工作的信号。

病毒是怎么让人生病的

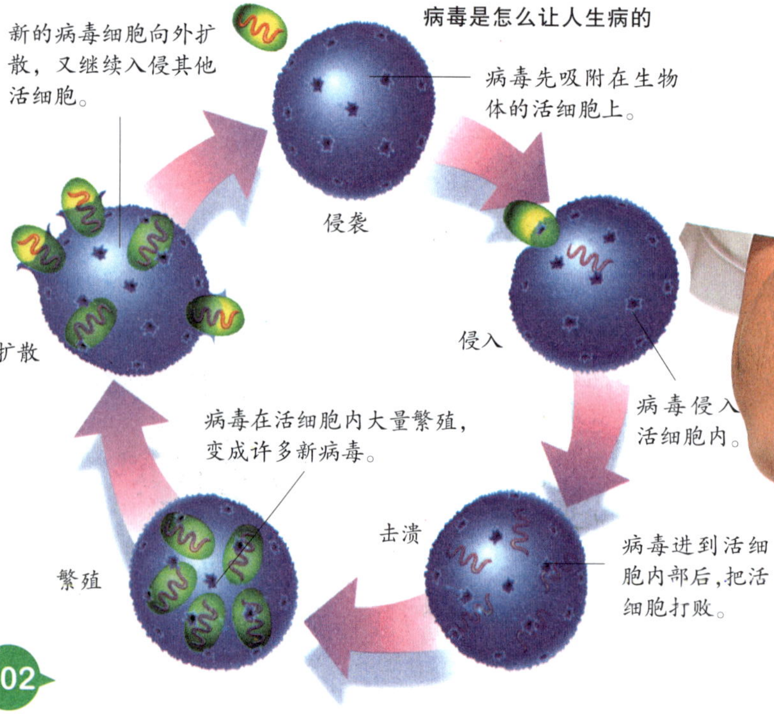

白细胞能帮助机体杀死病菌。在吞噬过程中，白细胞吞入病菌并将其带到细胞内部，用酶将它们降解。

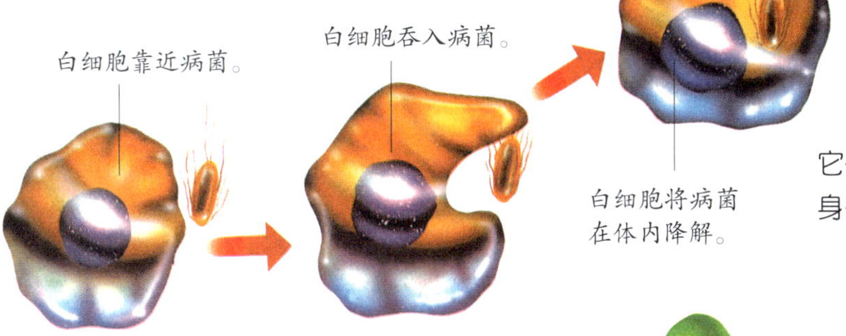

身体外部的防御

体表系统是一道阻止病菌进入人体的天然屏障，这就是我们体外的防御系统，它包括皮肤、泪腺、呼吸道、胃和肠等。它们认真地履行着自己的职责，把病菌抵挡在身体外面。

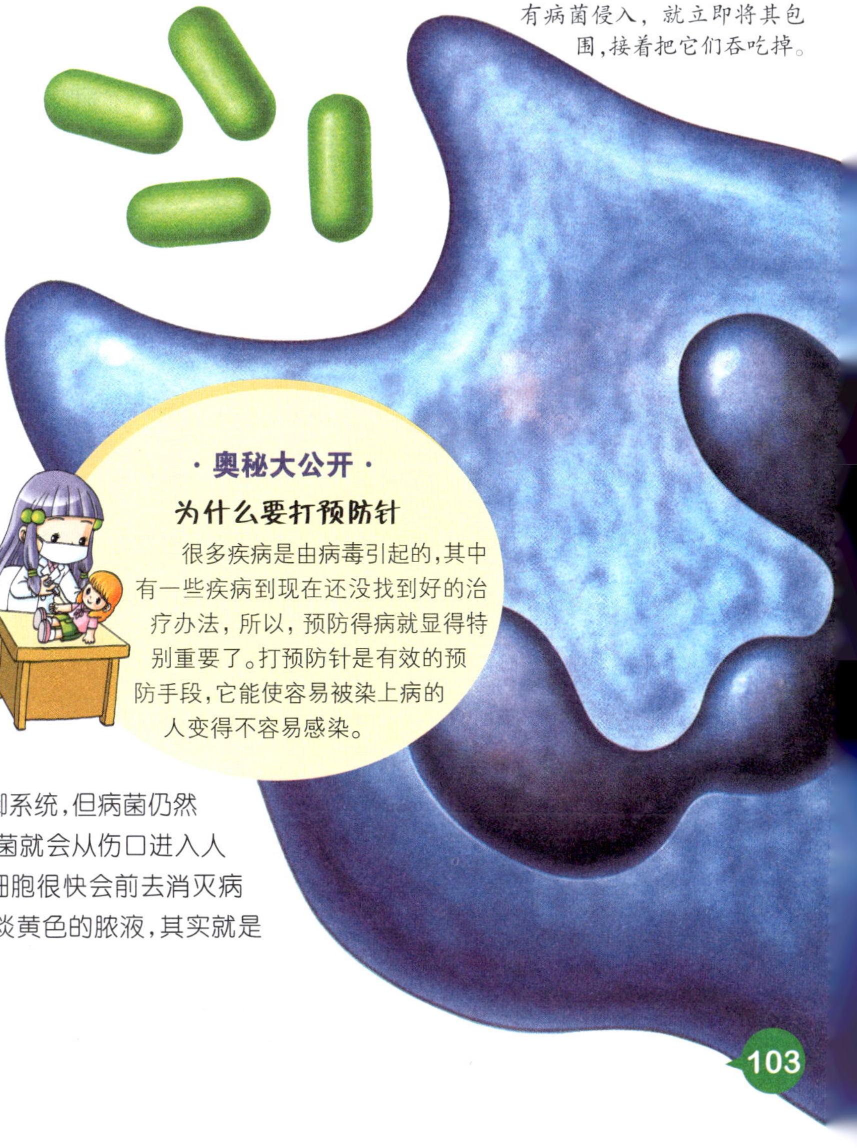

巨噬细胞一旦发现人体的伤口上有病菌侵入，就立即将其包围，接着把它们吞吃掉。

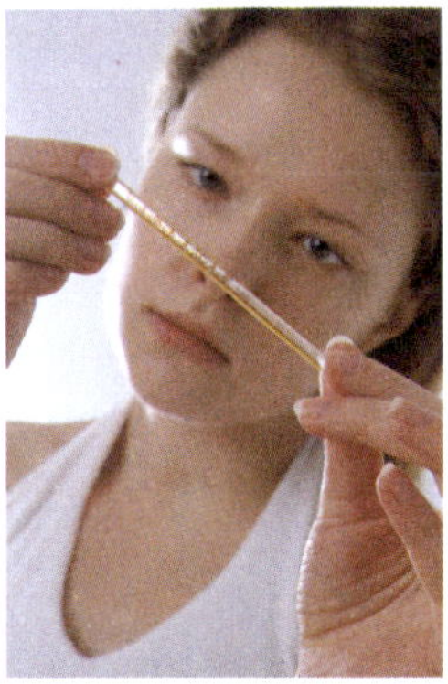

人体的正常体温是37℃，当体温超过这个温度时，就是发烧。发烧通常是由侵入体内的病菌引起的。

·奥秘大公开·

为什么要打预防针

很多疾病是由病毒引起的，其中有一些疾病到现在还没找到好的治疗办法，所以，预防得病就显得特别重要了。打预防针是有效的预防手段，它能使容易被染上病的人变得不容易感染。

伤口发炎

尽管人体外部有坚固的防御系统，但病菌仍然会伺机而入。一旦身体受伤，病菌就会从伤口进入人体内捣乱。不过，体内的杀菌细胞很快会前去消灭病菌。我们看到的红肿的伤口和淡黄色的脓液，其实就是它们和病菌搏斗的痕迹。

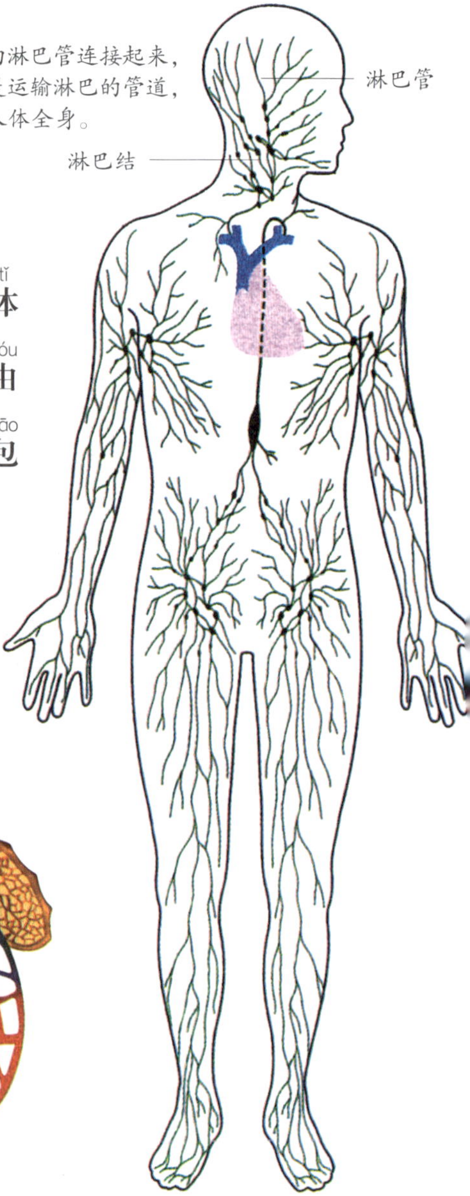

淋巴结由淋巴管连接起来，淋巴管是运输淋巴的管道，它遍布人体全身。

lín bā xì tǒng
淋巴系统

xiǎo péng yǒu nǐ zhī dào ma chú le xuè yè wài zài wǒ men shēn tǐ
小朋友，你知道吗？除了血液外，在我们身体
nèi hái yǒu yī zhǒng shuǐ yī yàng de yè tǐ zhè jiù shì lín bā lín bā yè yóu
内还有一种水一样的液体，这就是淋巴。淋巴液由
lín bā xì tǒng xié dài zhe zài rén tǐ nèi xún huán liú dòng lín bā xì tǒng bāo
淋巴系统携带着，在人体内循环流动。淋巴系统包
kuò lín bā lín bā jié biǎn táo tǐ hé pí děng qì guān
括淋巴、淋巴结、扁桃体和脾等器官。

淋巴

淋巴是在淋巴系统中流动的液体，主要由水和葡萄糖以及一些离开毛细血管的白细胞组成。和血液一样，淋巴在永不停息地流动着，只是流动的速度非常缓慢。最终，淋巴会流进胸部的静脉，成为血浆的一部分。

淋巴循环示意图

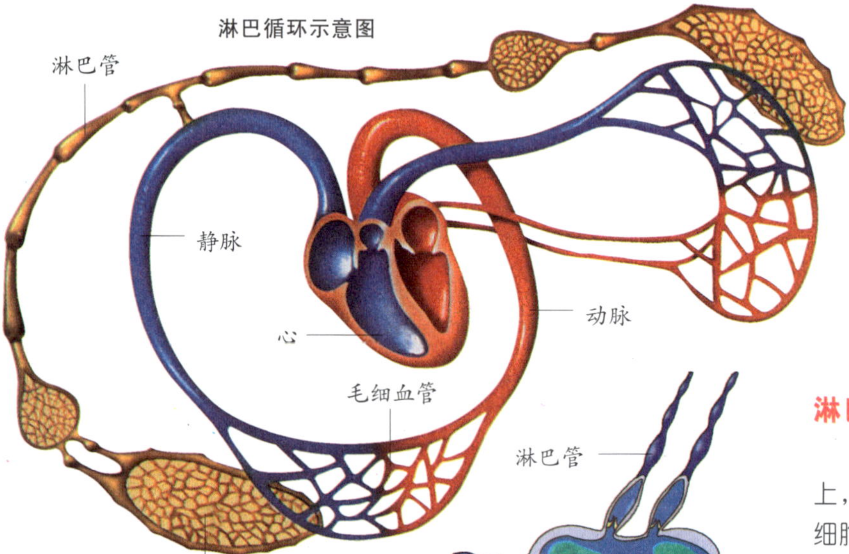

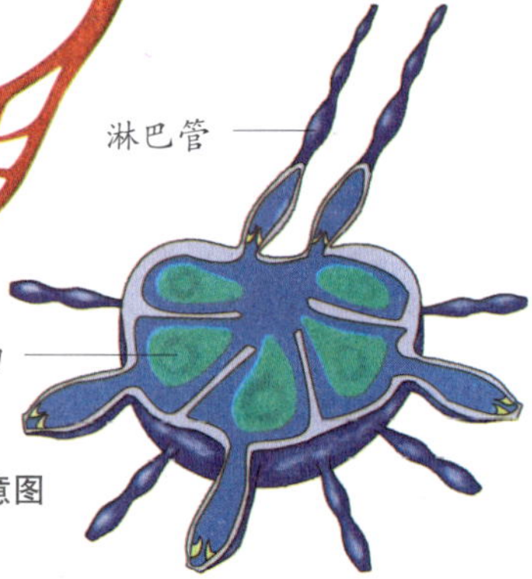

淋巴结的剖面示意图

淋巴结

在我们的腋窝、大腿根部和脖子上，藏着很多淋巴结。它们能产生白细胞和抗体，消灭病菌，保护人体的健康。当你牙痛或者伤口发炎时，试着摸一摸你的腋窝或脖子，会发现上面的淋巴结肿大了，这就是淋巴结与病菌斗争的结果。

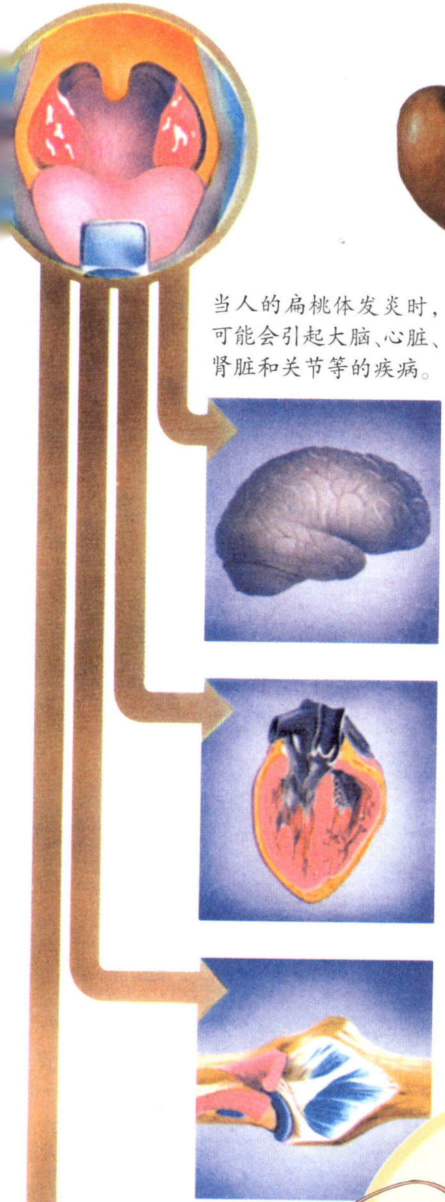

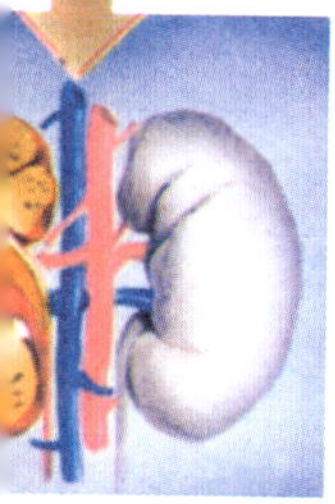

当人的扁桃体发炎时，可能会引起大脑、心脏、肾脏和关节等的疾病。

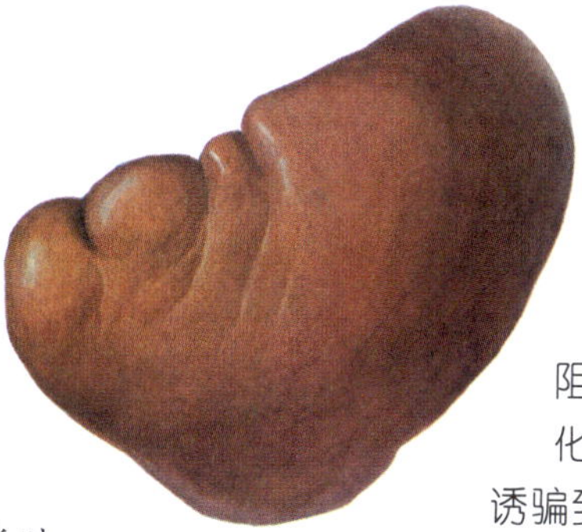

脾像一只压扁了的拳头。

“忠实的门卫”——扁桃体

扁桃体在我们口腔和咽部，是人体最忠实的“门卫”，它负责将食物和空气中的细菌阻挡在身体外面，不让它们侵入呼吸系统和消化系统。一旦细菌攻击人体，扁桃体会将细菌诱骗到深层，再由那里的淋巴细胞把细菌吞吃掉。

最大的淋巴器官——脾

脾在我们的左肋下面，看起来像一只压扁了的拳头。不过，可别小看脾，它是人体内最大的淋巴器官，能产生杀菌细胞，消灭侵入血液中的病毒，保护我们的身体。

扁桃体能够阻止细菌从呼吸系统和消化系统侵入人体。

·奥秘大公开·

巨噬细胞

在我们身体内，有一种能够抗感染的免疫细胞——巨噬细胞。它的本领非常大，能够把病毒细胞和其他有害物质吞到肚子里，并彻底消灭它们。因此，人们称它为身体内的“清道夫”。

胸腺

胸腺在胸骨的后面，是人体内重要的淋巴器官。人刚出生的时候，抵抗能力还不强，这时，胸腺就起着很重要的作用。它可以增强淋巴细胞的杀伤力，使淋巴细胞更有效地杀灭细菌，抵抗病毒入侵。

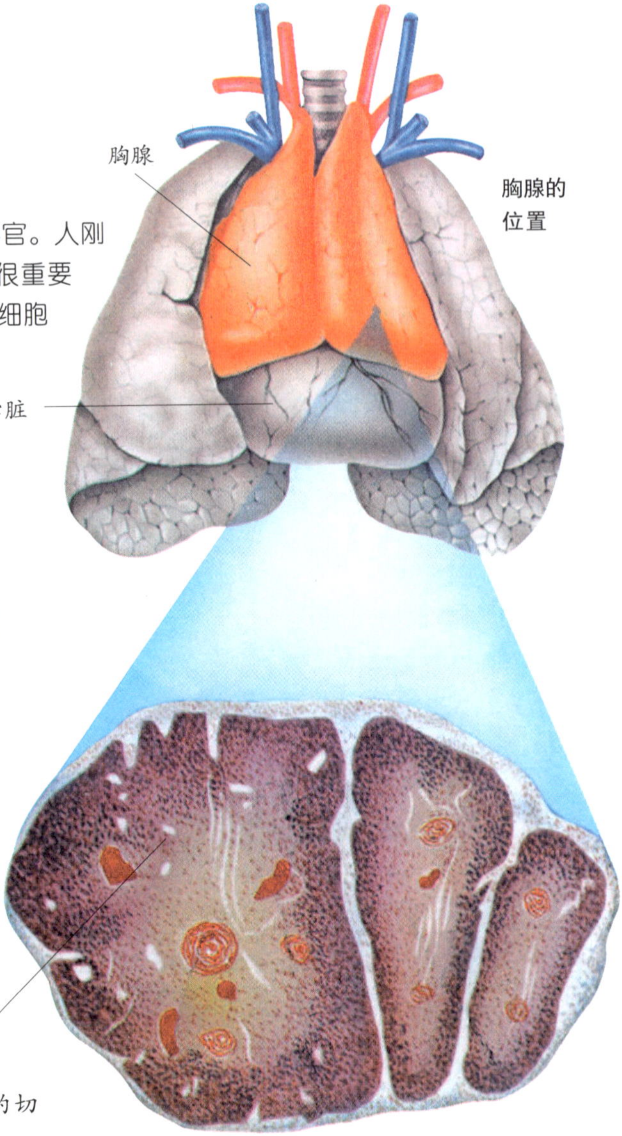

胸腺在幼儿时期最大。

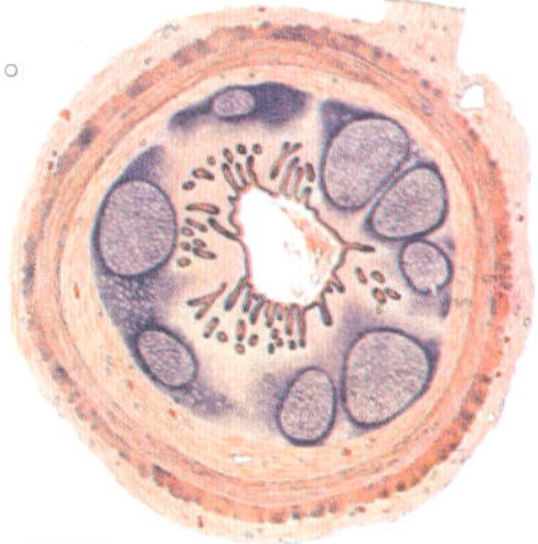

显微镜下看到的阑尾横切面

青年时期，胸腺具有促使淋巴细胞杀灭细菌的重要作用。

阑尾

在大肠和小肠的结合处，有一个像蚯蚓一样的突起叫阑尾。由于阑尾的管道又细又窄，容易被堵塞，造成阑尾炎，所以有不少人在病发时将它切除。不过，在人类的发育早期，阑尾有助于B淋巴细胞（一种白细胞）的成熟，所以医生主张不要一发炎就将阑尾切除。

6

第六章

生长与发育

小朋友，前面我们已经学习了很多有关人体的知识，现在，你是不是特别想知道人是从哪里来的呢？你是不是也曾问过爸爸妈妈同样的问题？你是不是还有很多疑问没有解开？比如，人是怎么长大的？人成年后为什么和幼年时会有那么大的差别？人为什么会逐渐变老？……在这一章里，我们就沿着生命的轨迹，一起去探索这些问题吧。

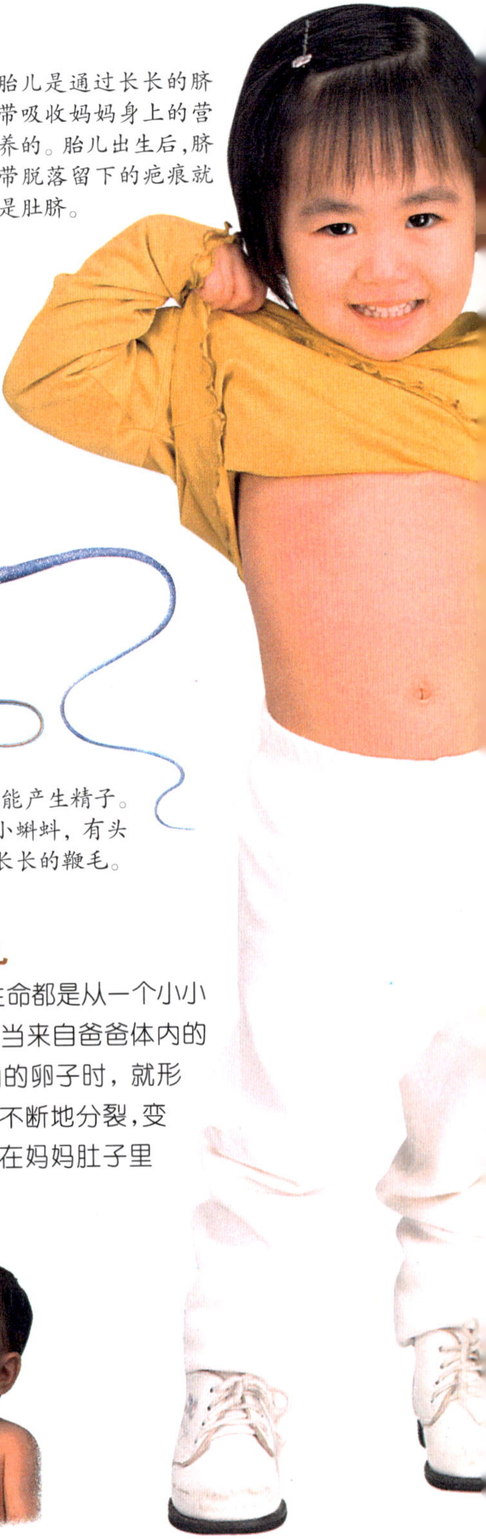

胎儿是通过长长的脐带吸收妈妈身上的营养的。胎儿出生后，脐带脱落留下的疤痕就是肚脐。

shēng mìng de kāi shǐ
生命的开始

xiǎo péng yǒu nǐ zhī dào ma rén de shēng mìng shì cóng yī ge shòu
小朋友，你知道吗？人的生命是从一个受
jīng de xì bāo kāi shǐ de zhè gè xì bāo yào jīng lì cháng dá ge yuè
精的细胞开始的。这个细胞要经历长达9个月
de lǚ xíng cóng méi yǒu jù tǐ xíng zhuàng de pēi tāi fā yù wéi chéng shú de
的旅行，从没有具体形状的胚胎发育为成熟的
tāi ér cái huì jiàng lín dào zhè gè shì jiè shang
胎儿，才会降临到这个世界上。

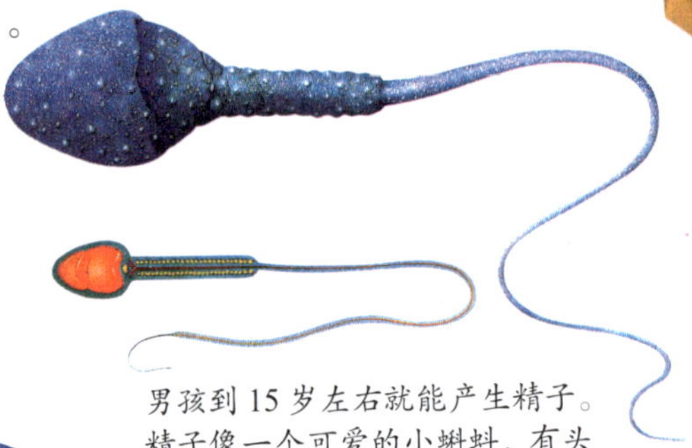

男孩到15岁左右就能产生精子。精子像一个可爱的小蝌蚪，有头部和像尾巴一样的长长的鞭毛。

卵子和精子

卵子来自妈妈的体内，它比正常的细胞要大得多；精子来自爸爸体内，像一个可爱的小蝌蚪。每个月，妈妈的体内都有一个卵子成熟，并从卵巢里排出来。当这个卵子遇到精子时，就变成了受精卵，也就是说怀孕了。

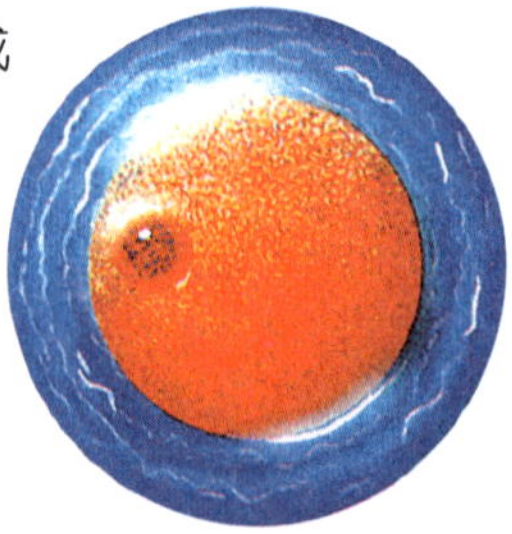

成熟女子的生殖器官能产生卵子，图为显微镜下的卵子。

从细胞到胎儿

所有的新生命都是从一个小小的细胞开始的。当来自爸爸体内的精子进入妈妈体内的卵子时，就形成受精卵。它在妈妈的子宫里不断地分裂，变成无数个细胞，即胚胎。胚胎在妈妈肚子里继续发育，就形成了胎儿。

从细胞到人体的发育过程

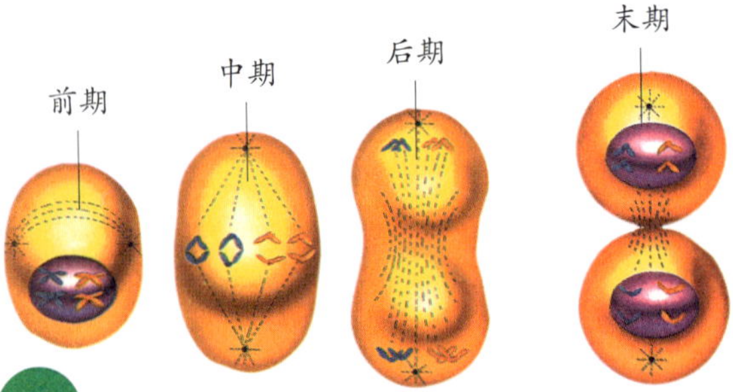

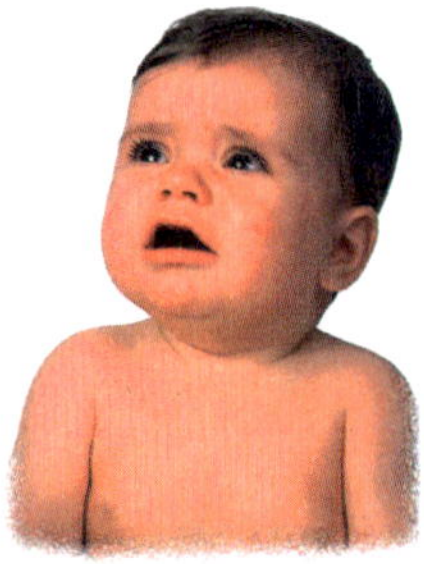

·奥秘大公开·

双胞胎

为什么有些妈妈会生下双胞胎呢？一种可能是爸爸的精子进入妈妈的卵子后，分裂成两个胚胎，发育成双胞胎；另一种可能是妈妈同时释放出两个卵子，形成两个受精卵。

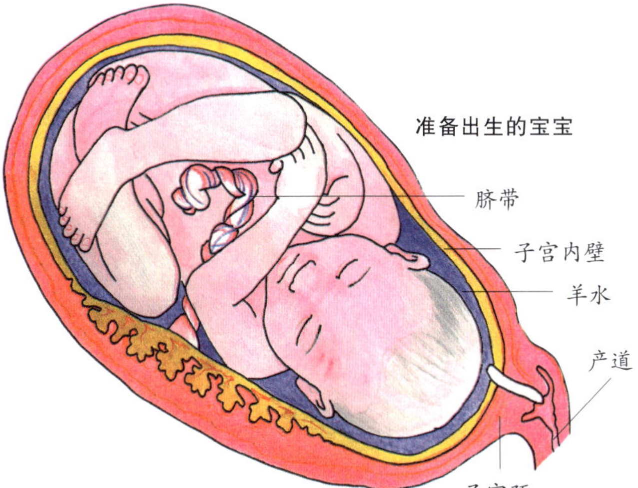

准备出生的宝宝

胎儿是怎么发育的

胚胎在子宫里通过脐带来吸收妈妈身上的营养，渐渐长成胎儿；慢慢地，胎儿就能够看东西，听声音了；到4个月大时，胎儿已经能够分辨出味道了；8个月大的胎儿已经会在妈妈肚子里做打呵欠、伸懒腰、吮吸手指等动作了。

呱呱坠地的婴儿

❶ 8周
❷ 9周
❸ 10周
❹ 11周
❺ 12周
❻ 16周
❼ 5个月
❽ 7个月
❾ 9个月

宝宝在妈妈的子宫里逐渐长大。

❶
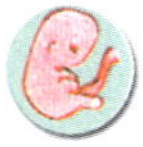

❷
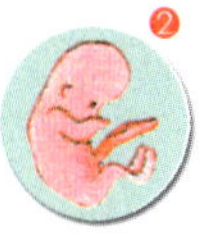

❸
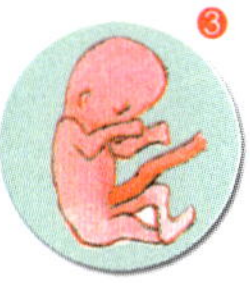

❹
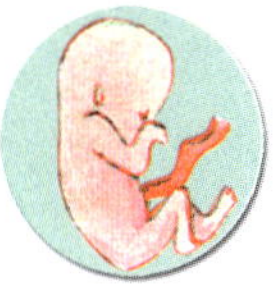

❺
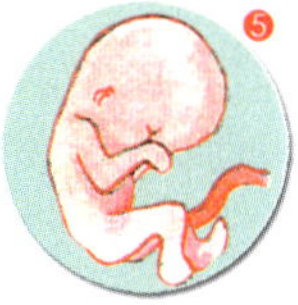

❻
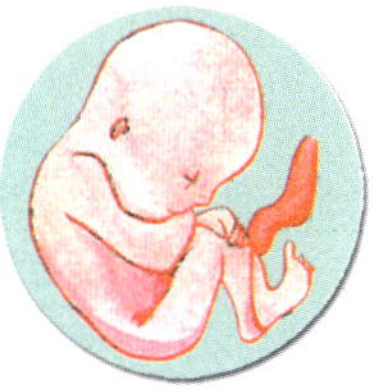

❼
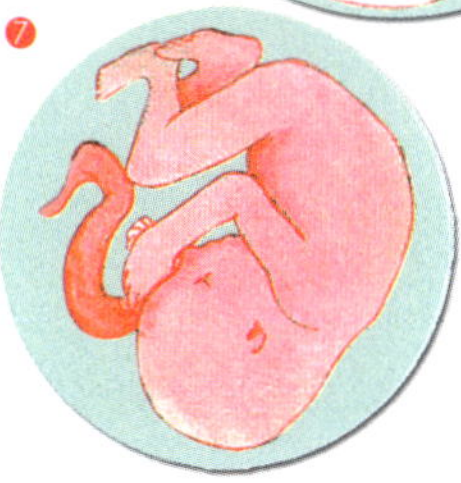

❽
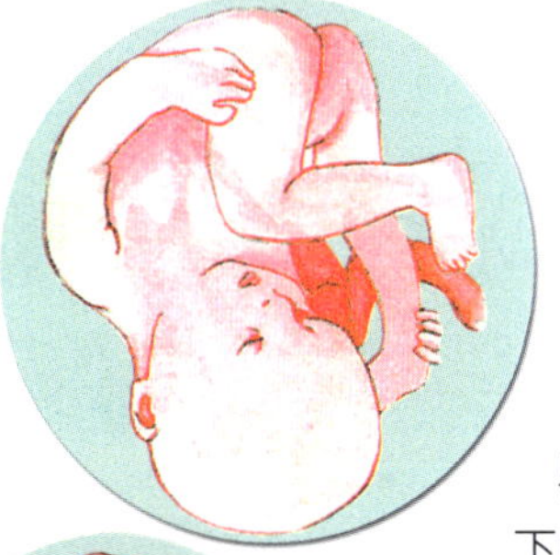

❾
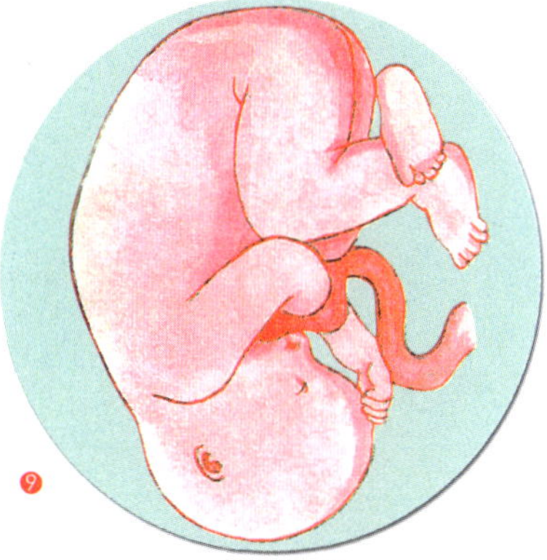

新生命诞生了

当胎儿在妈妈子宫里长到9个月大时，就已经成熟，可以面对人体外面的世界了。出生时，胎儿的头部会下降，妈妈的子宫颈慢慢张开，以便胎儿通过。同时，子宫的肌肉会强烈地收缩，帮助胎儿顺利降临到这个世界。

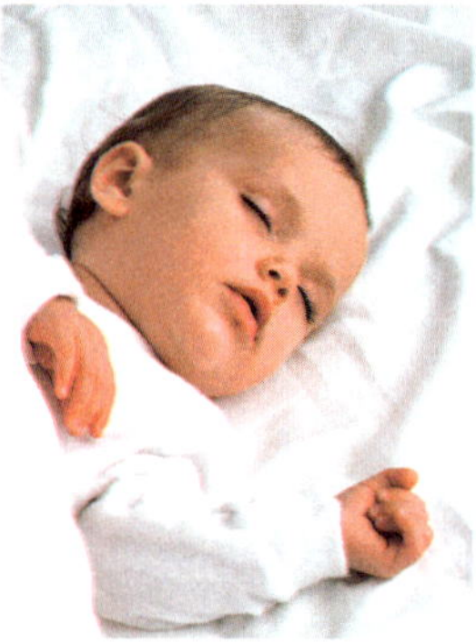

充分的睡眠可让婴儿长得更快。

kuài sù chéng zhǎng de yīng ér qī

快速成长的婴儿期

měi gè rén de yī shēng dōu àn zhè yàng de guǐ jì fā zhǎn yīng ér
每个人的一生都按这样的轨迹发展：婴儿、
yòu ér shào nián qīng nián zhōng nián lǎo nián yīng ér shì zhǐ cóng chū
幼儿、少年、青年、中年、老年。婴儿是指从出
shēng dào ge yuè dà de bǎo bǎo zhè yī shí qī de bǎo bǎo shēng zhǎng
生到12个月大的宝宝，这一时期的宝宝生长
de fēi cháng xùn sù
得非常迅速。

爱睡觉的宝宝

充分的睡眠能够让宝宝长得更快，所以婴儿期的宝宝都爱睡觉。刚出生时，宝宝每天大约要睡20个小时。到6个月大时，宝宝的睡眠时间减少到每天15个小时。宝宝睡觉时喜欢像在妈妈肚子里那样屈着膝盖。

5个月的宝宝能用前臂支撑起上身的重量，主动握物，但动作不协调。

6～7个月时，在他人的支持下能坐稳，用手掌握物。

0～1个月时，手握得很紧。

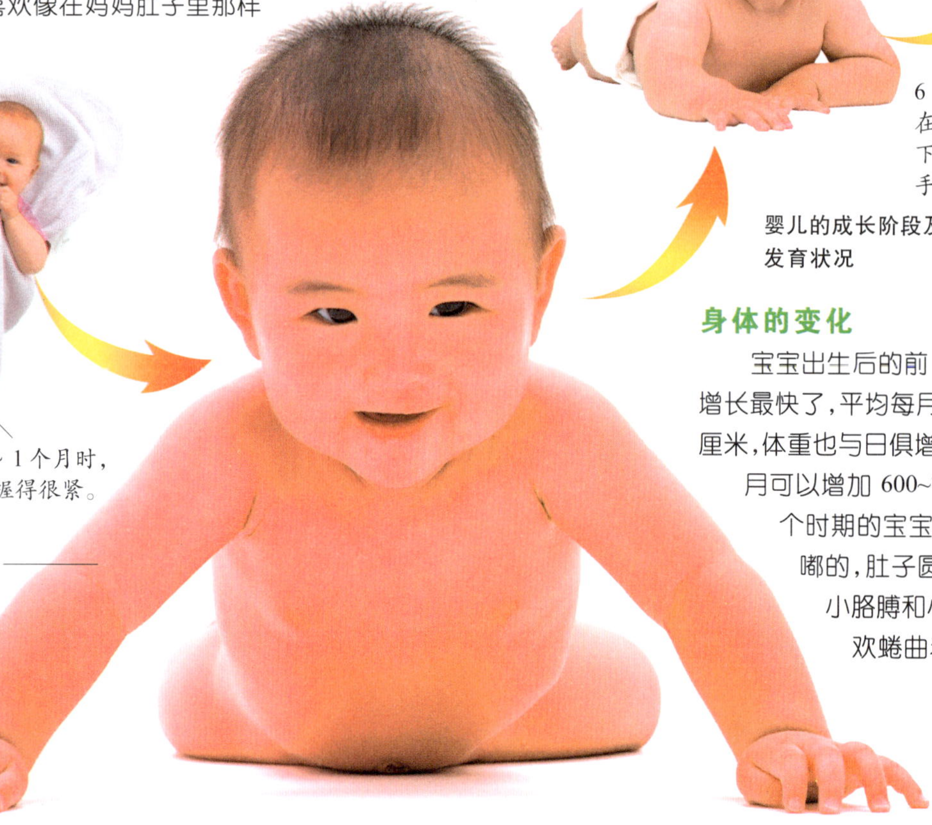

3个月时，能抬起头部，手常常张开。

婴儿的成长阶段及动作发育状况

身体的变化

宝宝出生后的前6个月身高增长最快了，平均每月可增长2.5厘米，体重也与日俱增，平均每个月可以增加600~700克。这个时期的宝宝，脸胖嘟嘟的，肚子圆鼓鼓的，小胳膊和小腿还是喜欢蜷曲着。

宝宝的感觉发育

出生不久后，宝宝逐渐学会了微笑，并开始用眼睛跟踪事物。看到移动的彩色气球、听到摇铃鼓的声音时，他会转动头去寻找。到4个月左右大时，宝宝已经认识自己的妈妈了。6个月以后，宝宝就能够辨别不同的人了。

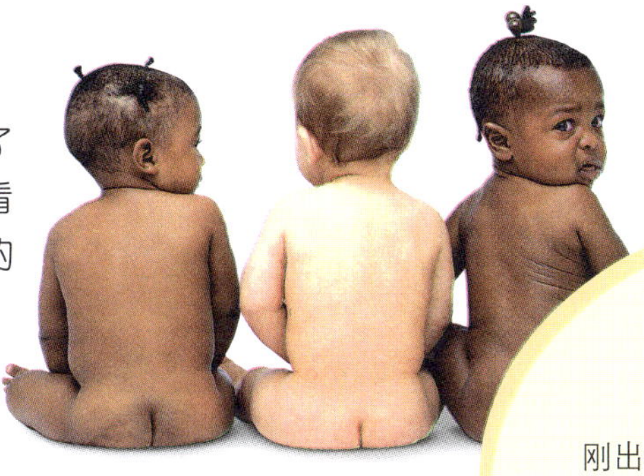

婴儿的模仿能力很强，他们的很多动作、语言等都是通过模仿学来的。

·奥秘大公开·

宝宝为什么爱哭

刚出生的小宝宝还没有语言表达能力，哭闹是他们表达自己情绪的重要方式。而且，不同的哭声所表示的意思也不同哦。有时候是因为饥饿哭闹，有时候哭是想让妈妈抱。

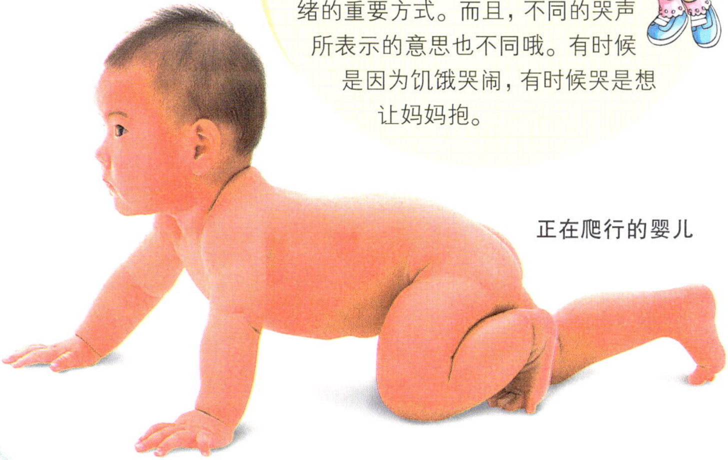

正在爬行的婴儿

从爬行到站立

4个月左右大时，宝宝能够灵活地转动头了；7个月左右大时，宝宝已经能独自坐稳；8~9个月的宝宝开始学习爬行；到12个月左右时，宝宝已经爬得非常熟练了，并能在爸爸妈妈的扶持下，开始站起来走路了。

12个月的宝宝能在别人的扶持下站立和行走。

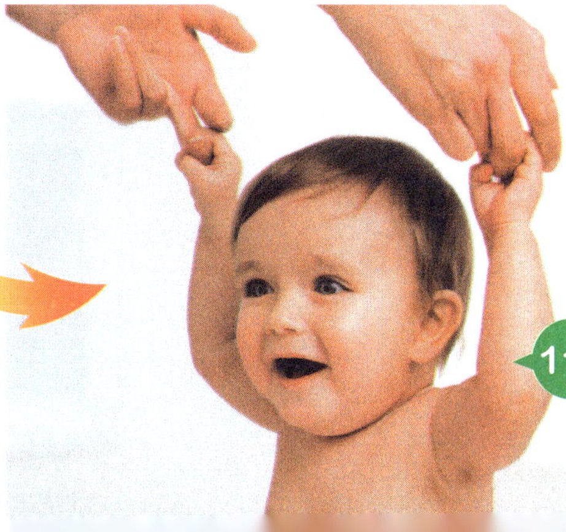

8～9个月的宝宝运动能力明显提高，能够爬行。

huó pō kě ài de yòu ér qī

活泼可爱的幼儿期

3岁以后的幼儿已经能够单脚站立，会骑三轮脚踏车了。

suì hòu bǎo bǎo jié shù yīng ér qī jìn rù yòu ér qī
1岁后，宝宝结束婴儿期，进入幼儿期，
yī zhí chí xù dào shàng xué qián yòu ér qī de hái zi dà duō shù
一直持续到上学前。幼儿期的孩子大多数
shí jiān dōu zài yòu ér yuán li dù guò
时间都在幼儿园里度过，
tā men bù duàn chéng zhǎng wú lùn shēn
他们不断成长，无论身
tǐ hái shì xīn lǐ dōu fā shēng
体还是心理，都发生
hěn dà de biàn huà
很大的变化。

可爱的娃娃脸

变化的脸型

我们常听人说起的“娃娃脸”，其实是指刚出生时的宝宝那种又圆又胖的脸型。幼儿的“娃娃脸”一直会维持到5岁左右，随后，皮肤下原本厚厚的脂肪保护层会越来越少，脸就会变得越来越瘦，长得和爸爸妈妈也越来越像了。

当婴儿成长到幼儿期时，他们的活动能力显著提高。

幼儿能进行想象性的游戏。

幼儿期的孩子显得非常可爱。

大脑的发育

整个幼儿期，幼儿的脑容量虽然只增长了 100 克，但随着脑内的神经纤维迅速发展，幼儿的动作和心理变得越来越成熟。这一时期的幼儿喜欢表演、想象性的游戏，并从中增长见识。

2 ～ 3 岁的幼儿，能够完全控制大、小便。

· 奥秘大公开 ·

为什么人会有不同的模样

在人的细胞里，有 23 对染色体，每对染色体上都有很多遗传基因。基因决定着一个人的身高、长相，等等。每个人从父母那里遗传来的基因都不一样，因此就长得不一样啦。

爱动手的年龄

幼儿期的孩子最突出的特点就是爱动手。活泼好动的幼儿通常会在玩中掌握一些活动技能。比如，拍皮球，独脚跳跃，骑三轮脚踏车。这一时期的孩子能独立堆起 6 ～ 7 块积木，甚至还能完成一些精致的手工作品呢。

幼儿能摆积木，这证明他们有了平衡性与协调性。

wú yōu wú lǜ de shào nián qī

无忧无虑的少年期

我的身体出现变化啦！

xiǎo péng yǒu rú guǒ nǐ de nián líng zài suì jiù chǔ
小朋友，如果你的年龄在6~12岁，就处
zài shào nián qī le zhè gè shí qī nǐ de shēn tǐ huì chū xiàn gè
在少年期了。这个时期，你的身体会出现各
zhǒng gè yàng de biàn huà rén yě biàn de yuè
种各样的变化，人也变得越
lái yuè cōng míng le
来越聪明了。

少儿期的孩子适宜参加一些户外活动。

身体的变化

小朋友，假如你站在镜子前仔细看看自己，会发现在不知不觉中，你的身体发生了很大的变化：你长高了，身材也不再像小时候那样圆滚滚的，腿变长了，脸型也开始发生了变化，幼儿时的"娃娃脸"，也被棱角分明的脸型所取代了。

·奥秘大公开·

换牙

幼儿期的孩子会长齐20颗乳牙，到6岁左右就开始长恒牙了。这段时间，原来长出的乳牙由于受到底下萌动的恒牙的推动，会一颗颗脱落下来，恒牙就趁机长出来了，这就是换牙。

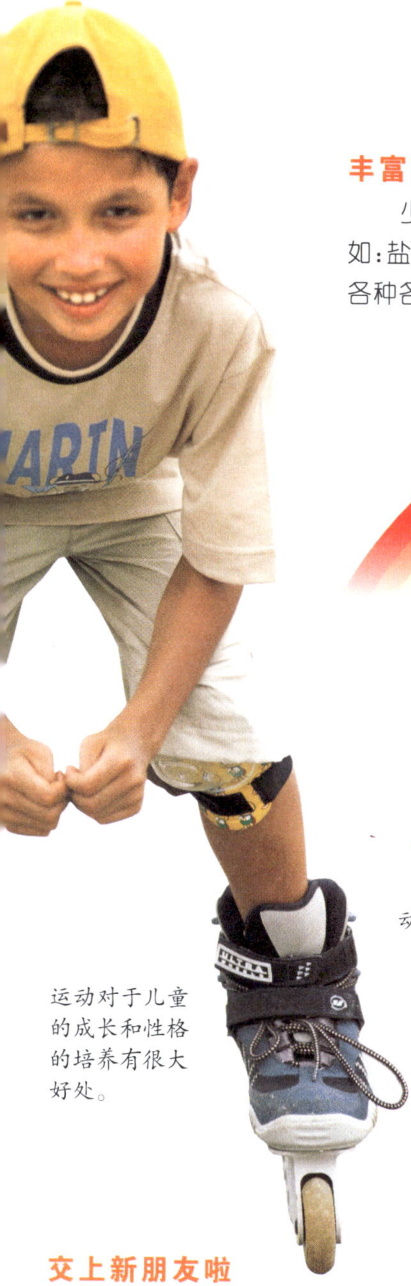

运动对于儿童的成长和性格的培养有很大好处。

丰富的想象力

少年期的小朋友想象力非常丰富，他们常常向大人提一些稀奇古怪的问题，比如：盐为什么是咸的？彩虹为什么有那么多颜色？人为什么要吃饭？……他们提出各种各样的问题后，还喜欢进行观察研究，亲自动手去弄个明白。

动手操作有利于小朋友发展想象力。

与玩伴的交流有利于儿童的智力发育。

少年期的孩子已经能处理好和玩伴的关系了。

交上新朋友啦

这一时期的小朋友和周围的人接触会越来越多，他们通过说话、游戏、运动、上学等方式，认识了许多人，交上了各种各样的朋友。正常的交往不仅使少年的社会交往能力得到煅炼，而且对他们成年后的工作和事业也会产生很大的影响。

méng dòng de qīng chūn qī
萌动的青春期

gào bié wú yōu wú lǜ de tóng nián jiù bù rù qīng chūn qī la
告别无忧无虑的童年，就步入青春期啦。

zhè yī shí qī nán hái hé nǚ hái de shēn tǐ biàn de gèng jiā
这一时期，男孩和女孩的身体变得更加

fù zá xìng gé gèng jiā dú lì yǔ cǐ tóng shí tā
复杂，性格更加独立。与此同时，他

men de xīn lǐ yě cháo zhe chéng rén fāng xiàng fā zhǎn
们的心理也朝着成人方向发展。

青春期不仅是学习的重要阶段，也是主动与朋友建立友谊、初步接触社会的时期。

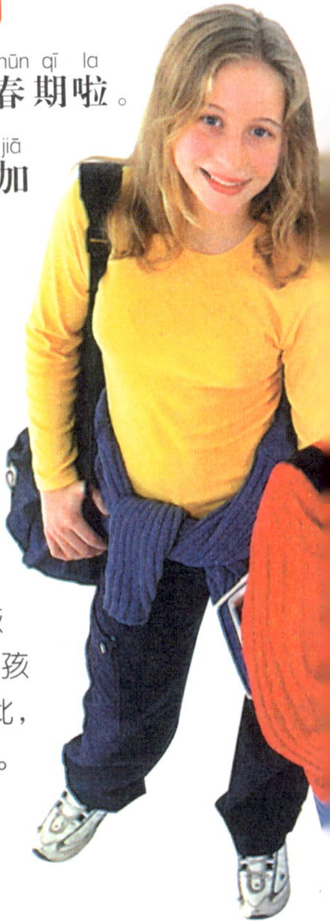

迅速增高

每个人进入青春期后，骨骼和肌肉都会迅速增长，迎来一个迅速增高的阶段。通常情况下，女孩在 12 岁左右会达到生长高峰；而男孩则要比女孩晚一些，在 14 岁时长得最快。因此，十二三岁的女孩要比同龄的男孩长得高一些。

进入青春期的孩子喜欢玩一些刺激的游戏。

青春期的孩子叛逆的装扮就是为了证明自己的存在，引起别人的注意。

长大和独立

进入青春期后，男孩和女孩的身体变得更加复杂。同时，更具个性。他们不再像少儿时那样无忧无虑了，而是变得我行我素，甚至与父母发生冲突。这一时期的孩子更喜欢尝试新的刺激，参加一些冒险游戏，以证明自己已经长大。

瞧，这些青春期的男孩和女孩，显得如此朝气蓬勃。

青春期的男孩

小朋友，你注意过邻居家的十四五岁的哥哥吗？你有没有发现他们的外貌、说话、行动跟以前比有什么变化？赶快来了解一下吧。进入青春期的男孩除了身高、体重猛增外，声音也开始变得又粗又低，出现喉结，长出胡须和腋毛，有的人胸口还会长出胸毛，生殖器官也逐渐发育成熟。

进入青春期的男孩喉结开始增大。

青春期的女孩

女孩一般从 12 岁左右进入青春期。此后，她的身体会发生明显的变化。如个子长得特别快，到青春期结束时，身高已经跟成年人差不多了；胸部开始变大，出现月经，并开始排卵；皮肤也变得比以前更细嫩、光滑。

青春期的女孩

· 奥秘大公开 ·

喉结

喉结是我们喉咙前面往外鼓起的小包，它能保护喉咙。一般情况下，男人的喉结比女人大。进入青春期后，男孩的喉结会突然增长，接着声音变得低沉，喉结也变得非常明显。

wěn zhòng de chéng nián qī
稳重的成年期

xiǎo péng yǒu nǐ zhī dào ma měi gè rén cóng suì zuǒ yòu qǐ jiù bù rù chéng
小朋友，你知道吗？每个人从20岁左右起，就步入成
nián qī le nǐ de bà ba mā ma jiù shì chéng nián rén jìn rù chéng nián qī hòu rén
年期了。你的爸爸、妈妈就是成年人。进入成年期后，人
de shēn tǐ yǔ xīn lǐ dōu huì wěn dìng xià lái jiān fù qǐ chéng jiā
的身体与心理都会稳定下来，肩负起成家
lì yè de shǐ mìng
立业的使命。

处于成年期的男子肌肉变得强劲有力。

成年期是人生的巅峰时期，往往会担任社会中最重要的工作。

外表的改变

女孩大约在19岁进入成年期，男孩则在20岁左右进入成年期，一直持续到60岁。在成年期的不同阶段，人的外表也有明显不同。20多岁的男女朝气蓬勃，30多岁的男女成熟稳重，50岁左右的男女显得和蔼可亲。

成年后，人体的内循环也会出现变化。

幸福美满的一家

参加工作了

小朋友，你有没有想过爸爸妈妈为什么每天都要上班呢？这是因为大多数成年人的身体、心理都已经发育成熟，正是发展事业的最佳时期。很多像你的爸爸妈妈一样的成年人之所以参加工作，既是为了让自己和家人生活得更好，也是展现自己能力的一个途径。

·奥秘大公开·

近亲为什么不能结婚

近亲结婚是指血缘关系比较近的一对男女结合。近亲结婚的夫妻身体细胞里很可能带着相同的基因，这些基因结合在一起容易导致一些遗传性疾病，所以，近亲不能结婚。

父母应培养孩子广泛的兴趣和爱好。

随着年龄的增长，成年人的心理也会越来越成熟。他们解决问题的能力也比以前增强了很多，基本上能够承受各种压力。

组建家庭

小朋友，你一定在电视上听说过“恋爱”“结婚”这些词吧，你知道这意味着什么吗？通常情况下，人进入成年期后，都会经历谈恋爱、结婚、组建自己的家庭、生儿育女等阶段。婚姻和家庭在人的生命中占有重要的位置，温馨的家庭能给人带来幸福。

不可避免的衰老期

小朋友，你注意过吗？在我们周围有不少老爷爷、老奶奶，他们大多头发花白，脸上布满了皱纹。其实这很正常，像世界上所有的生物都会经历出生、成长、成熟、衰老等过程一样，人的衰老也是不可避免的。

进入老年期后，头发、眉毛等逐渐变白了。

开始长皱纹

也许你要问，为什么老年人脸上、身上的皱纹又多又深呢？这是因为进入老年期后，皮肤内新生的细胞变得越来越少，皮肤脂肪中所含的水分也逐渐减少，皮肤就慢慢变薄、变松，因此，皱纹就越来越多啦！

长白头发了

小朋友，你经常看到白头发、白胡子的老爷爷吧？你想过为什么他们的毛发会发生这么大的变化吗？原来，进入中年以后，体内的色素颗粒减少，人的头发就会由黑色变为灰白色，而且容易掉头发。同时，眉毛也变得稀疏，开始变白。

人们已经想出各种各样的办法来延缓衰老。

老年人运动系统衰退，行动迟缓。

身体器官退化了

就像机器用多了会磨损一样，到了老年期，人体各个器官的功能也会逐渐退化。比如，脑细胞退化和死亡、心脏功能减弱、血液循环减慢、关节变得僵硬，等等。所以，一些老爷爷、老奶奶说话、行动都不太灵活，需要我们的关心和照顾。

老年人的视力明显下降。

老年人容易产生孤独感。

·奥秘大公开·

人死后还会醒来吗

一朵花如果凋谢了，不会重新开放。人也一样，人死后，身体里所有的细胞和器官都失去了活动的能力，大脑再也不会有任何意识。死是不逆转的，人一旦死亡，就不会再醒了。

孤独与失落

身体器官的退化，也给老年人的心理带来很大变化。由于眼睛、耳朵、鼻子等器官的功能减弱了，接收信息的本领大大降低，老年人渐渐与周围的环境疏远起来。加上退休等原因，他们会感到孤独和失落。因此，我们应当多关心、陪伴老人。

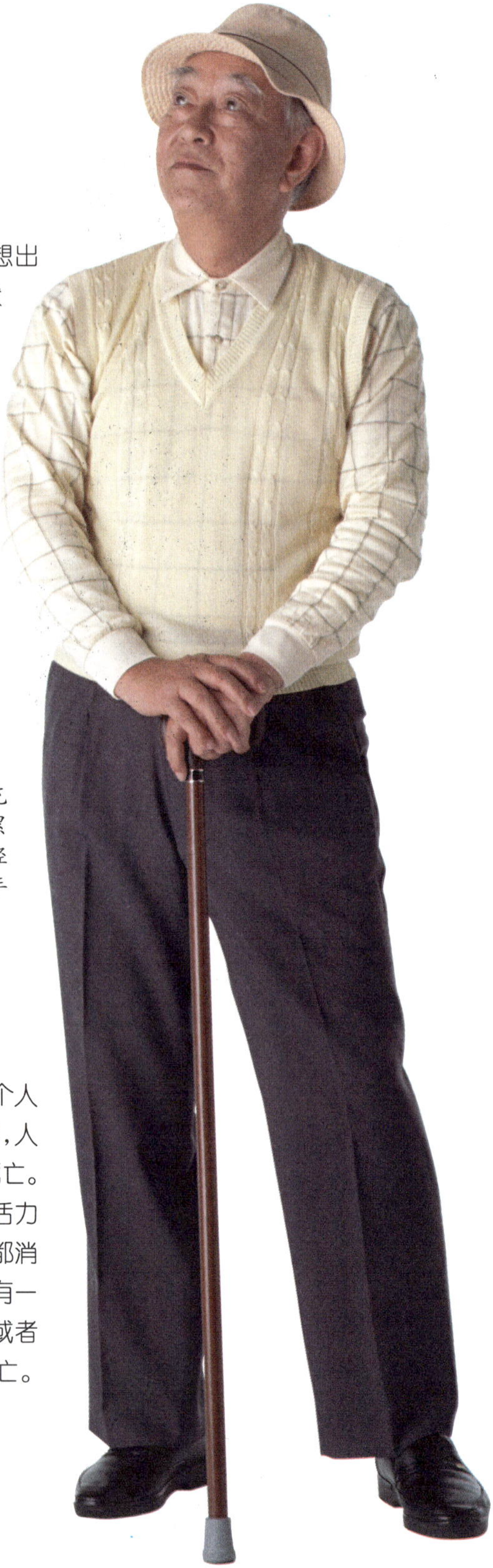

延缓衰老

衰老是不可避免的，但却可以延缓。聪明的人类已经想出了各种办法来延缓衰老的进程。比如，保持良好的精神状态，养成健康的生活习惯，不吸烟、不酗酒，注意饮食的营养搭配，适当做些煅炼等，都可以延缓衰老。

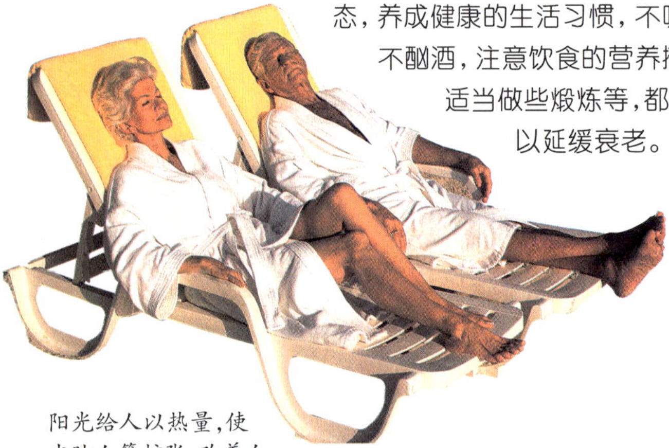

阳光给人以热量，使皮肤血管扩张，改善血液循环，促进新陈代谢。所以，老年人应该多晒晒太阳。

很多人在年老后仍然充满活力，加上他们积累了丰富的阅历和人生经验，因而也能够在老年期达到顶峰阶段。

棋牌类活动可以锻炼思维，延缓衰老。

生命消亡

死亡是一种自然规律，每个人最终都要面对它。通常情况下，人在经历了衰老之后才会走向死亡。当身体器官慢慢老化，生命的活力不断减弱，身体内所有的能量都消耗完的时候，人就会死去。也有一些人是因为得了病或者意外事故而死亡。

7

第七章

健康与疾病

小朋友，现在我们已经解开许许多多关于人体的奥秘了。可是你知道吗，我们的身体也会发脾气，当它的某一个零件出现故障时，会给我们生活和学习带来很多麻烦。因此，本章将告诉你通过饮食、运动来增强体质的方法，帮助你养成对健康有益的好习惯。同时，也会教给你一些对付疾病的诀窍哦！

yǐn shí yǔ jiàn kāng
饮食与健康

shí wù shì shēng mìng de jī běn rán liào tā néng gěi
食物是生命的基本燃料，它能给
wǒ men tí gōng yī qiè huó dòng de néng liàng xiǎo péng yǒu
我们提供一切活动的能量。小朋友
yào xiǎng jiàn kāng chéng zhǎng jiù lí bù kāi
要想健康成长，就离不开
shí wù kē xué hé lǐ de yǐn shí
食物。科学、合理的饮食
néng gěi wǒ men dài lái jiàn kāng
能给我们带来健康。

小朋友时候经常读书、思考，长时间用脑，应当多吃可益智补脑的豆制品。

·奥秘大公开·

为什么冷饮不能多吃

当你满头大汗跑回家时，可能会一连吃上几根冰棍，这样对身体是不好的。因为人在出汗时，全身的血管会扩张散热，如果一连吃下几根冰棍，胃里的血管受冷，会突然收缩，造成消化不良。

每餐都有主食

一个人每天需要的热量是随需要决定的。热量的来源是蛋白质、糖类和脂肪，而主食是糖类的主要来源，如果不吃主食的话，容易造成人体的营养不良。因此，小朋友每餐都要吃米饭、馒头等主食。

均衡的饮食可以补充人体中的微量元素。

在我们餐桌上，最常见的主食有米饭、包子、馒头、面条等。

鸡蛋和牛奶含有丰富的蛋白质。

食物要多样

小朋友，你知道吗？要想长得又结实又健康，就需要各种各样的营养物质，营养物质大多是从食物中获得的。每一种食物都含有一定的营养，但没有一种食物能含有人体所需要的全部营养。所以小朋友应当吃丰富多样的食物。

胡萝卜中富含维生素A，经常吃胡萝卜，可以防止消化不良和坏血病。

西瓜属于寒性水果。

葡萄属于平性水果。

柠檬属于平性水果。

菠萝属于平性水果。

不同的水果具有不同的特性，食用时应酌情选择。如属于“寒性”的人，应选择“温性”或“平性”的水果；属于“热性”的人，选择“寒性”“凉性”或“平性”的水果。

健康的饮食既要注意数量充足、种类齐全，又要注意食物之间能够互相取长补短。

甜橙属于温性水果。

苹果属于平性水果。

香蕉属于寒性水果。

·奇妙大看台·

为什么不能吃得太咸

有些小朋友觉得菜淡了没有味道，所以平时吃得很咸，其实这是不好的。如果长期摄入太多的盐，就会对身体产生危害。有些人血压升高就是因为吃得太咸。如果经常吃腌菜这类太咸的食物，还容易得胃癌、食管癌等疾病。

平时我们应当多吃清淡的食物。

喝出健康来

很多小朋友都喜欢喝一些带甜味的饮料，其实，这类饮料中多含有糖精、香料、色素等化学物质，喝多了会对人体产生副作用。最好的饮料是白开水。它很容易透过细胞膜，被人体吸收，从而促进新陈代谢。因此，多喝白开水对健康有好处。

jí bìng yǔ yù fáng
疾病与预防

cóng xiǎo dào dà wǒ men kě néng shēng guò hěn duō bìng bǐ rú gǎn mào fā
从小到大，我们可能生过很多病，比如感冒发
shāo dù zi téng děng děng zhè xiē jí bìng sǔn hài le wǒ men de jiàn kāng yǐng xiǎng
烧、肚子疼，等等。这些疾病损害了我们的健康，影响
le wǒ men de shēng huó suǒ yǐ cōng míng de rén lèi jiù xiǎng chū le
了我们的生活，所以，聪明的人类就想出了
gè zhǒng gè yàng de bàn fǎ lái yù fáng hé zhì liáo
各种各样的办法来预防和治疗
jí bìng gǎn kuài lái liǎo jiě yī xià ba
疾病。赶快来了解一下吧！

肥胖也是一种病哦！所以，我们应该坚持锻炼身体。

戴口罩可以防止将某些传染病传给别人。

传染病

传染病可以从病人身上传染给健康人，是导致小朋友患病的主要原因。如果吸入传染病病人打喷嚏时带出的含病菌的唾液微粒，或者吃了被病菌污染的食物等都有可能得传染病。

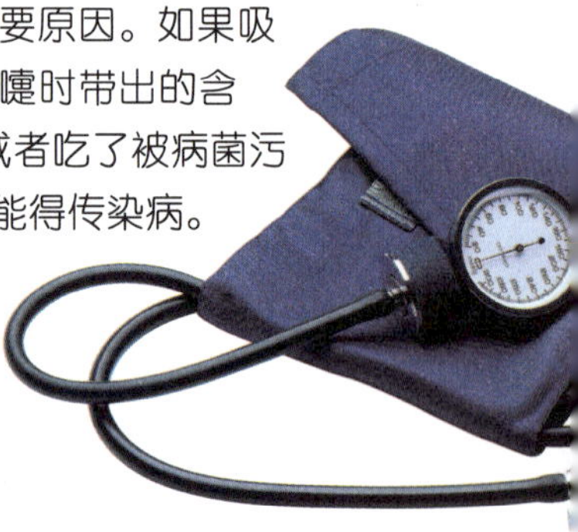

血压计能够测量血压，帮助人们及早发现可能的疾病。

·奥秘大公开·

为什么打青霉素针前要做皮试

青霉素是一种抗生素，有些人在注射这种药物后免疫系统会发生过敏反应，出现呼吸困难、血压下降、昏迷甚至死亡的情况。因此，打青霉素针前要先做皮试。

生病要及时治疗

科学家们发明了许多药物来对付病菌。当我们吃药或打针后，药物就进入血液，血液在血管里不停地流动，就能把药物送到有病的地方，杀死病菌，病就会治好。所以，一旦生病了，就要及时上医院治疗。

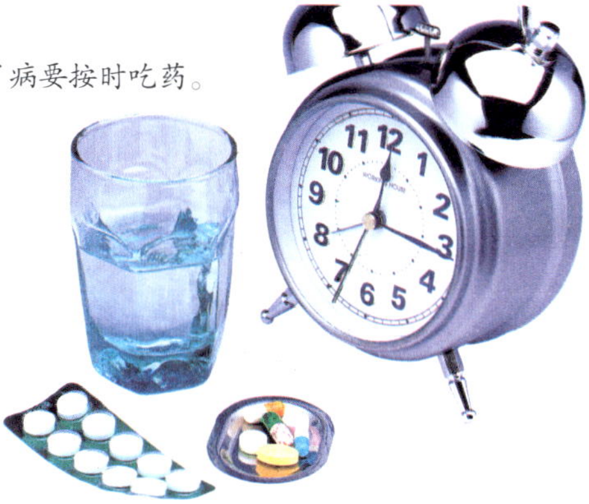

得了病要按时吃药。

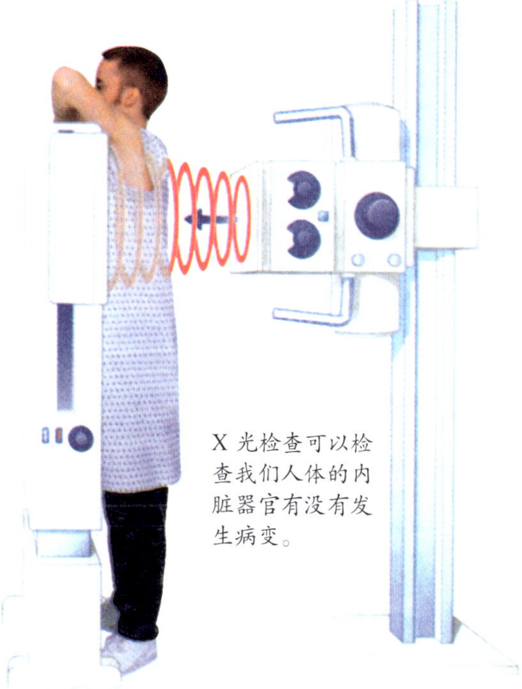

X 光检查可以检查我们人体的内脏器官有没有发生病变。

保护你的疫苗

小朋友，你知道吗？在你刚生下来的 24 小时内，你就已经接种了乙肝疫苗和卡介苗。此后，随着你慢慢长大，医生还会给你接种白百破、麻疹、流脑等疫苗，这些疫苗就像卫兵一样，保护你的身体不受病毒的侵害。

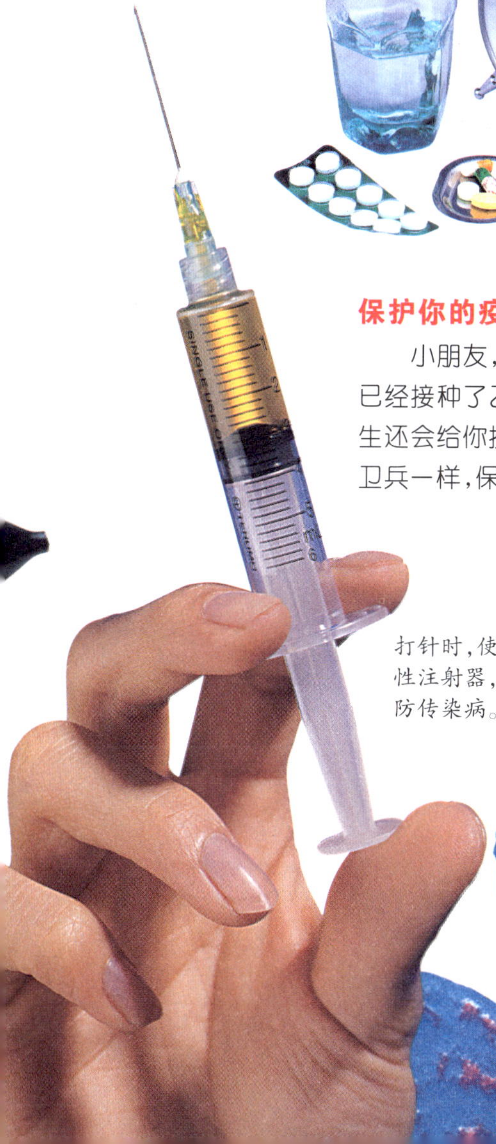

打针时，使用一次性注射器，可以预防传染病。

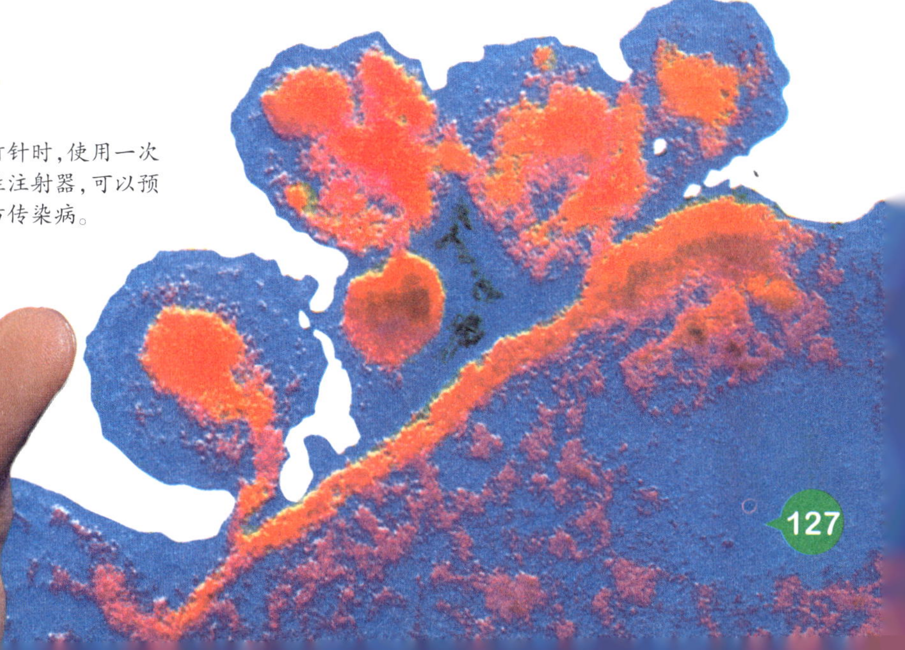

艾滋病是一种致命的疾病。图为显微镜下的艾滋病病毒。

创世卓越 荣誉策划
Trust Joy Trust Quality

图书在版编目(CIP)数据

科学人体大发现／刘娟，刘颖编撰.—昆明：云南教育出版社，2008.12
(21世纪入学儿童百科全书／龚勋主编)
ISBN 978-7-5415-3604-5

Ⅰ.科… Ⅱ.①刘…②刘… Ⅲ.人体—儿童读物 Ⅳ.R32-49

中国版本图书馆CIP数据核字(2008)第194974号

21世纪 入学儿童百科全书

……科学人体大发现……

总策划 邢 涛
主 编 龚 勋
项目策划 李 萍
文字统筹 贾宝花
审 订 陈 博
编 撰 刘 娟 刘 颖
出版人 李安泰
责任编辑 张正平

设计总监 韩欣宇
装帧设计 赵天飞
版式设计 孟 娜
美术编辑 杨雅馨
插图绘制 一龙漫画工作室
图片提供 纪江红 龚 勋
IC传媒
印 制 鲍大军

出 版 云南出版集团公司
云南教育出版社
地 址 昆明市环城西路609号
经 销 全国新华书店
印 刷 三河市华新科达彩色印刷有限公司
开 本 1/16
印 张 9
字 数 130千字
版 次 2009年1月第1版
印 次 2009年1月第1次印刷
书 号 ISBN 978-7-5415-3604-5
定 价 19.80元